通勤大学実践MBA

戦略営業

ニッセイ・キャピタル（株）
池上重輔＝監修 グローバルタスクフォース（株）＝著
Jusuke Ikegami GLOBAL TASKFORCE K.K.

通勤大学文庫
STUDY WHILE COMMUTING
総合法令

まえがき

■なぜ営業について学ぶのか

どんなに素晴らしい全社戦略やオペレーション戦略、マーケティング戦略、財務戦略があっても、実際に商品が売れなくては企業は成り立ちません。企業運営を成り立たせるためには、営業責任者（場合によっては社長）が「継続的に利益を出しながら売る」営業戦略を考え、営業マネジャーはそれを実行できる組織をつくって、日々マネージしていかなくてはならないのです。また、現場の営業スタッフも「継続的に利益を出しながら売る」という意識を常に持ち、これまでの「単なる気合営業」でも「顧客のいいなり営業」でもない、「顧客と自社の価値を最大化する、コンサルティング的要素を持った営業」をしていかなくてはなりません。そして、そのような営業の実践には理論と気合の両方が必要となるのです。

ＭＢＡ本なのになぜ気合や体力を強調するのか？と疑問を抱く読者もいることでしょう。しかし、欧米のＭＢＡでも「最後は体力がものをいう」ということがよくいわれます。

膨大な量の課題を同時並行的にこなすためには相当の気力と体力が必要です。つまり、「いかに、頭と心と体のバランスをとることができるか」ということがＭＢＡの大前提になっているのです。

本書は「継続的に利益を出しながら売る営業」という考えを軸に、営業部に限らず企業のあらゆる部署の皆さんが全社的視点で営業戦略を考えるためのポイントから始まり、営業責任者や現場の営業スタッフが営業戦略立案から現場での営業成果を最大化する方法論までが概観できるようになっています。単なる抽象論ばかりではなく、今日から現場で活かせる具体的なコツや事例も豊富に盛り込んであります。そうしたバランスのとれた視点の持ち方のコツまでも含め、皆さんが自信を持って計画を作成して意思決定をし、実行していくためのポイントやコンセプトを具体事例やモデルケース、そしてその解説とあわせて体系的にまとめてあります。営業トップの虎の巻として、また営業研修資料として、営業カバンの中の一冊としてご活用いただければ幸いです。

また、巻末には付録として「営業に求められるＭＢＡ的能力と計数分析の具体的手順」をモデルケースを用いて解説しています。自信のある方はそこから読んでもいいでしょう。

■「通勤大学実践ＭＢＡ」シリーズについて

「通勤大学実践ＭＢＡ」シリーズは、姉妹シリーズの「通勤大学ＭＢＡ」で学んだ世界共通のコンセプトや原理原則を踏まえ、より具体的・実践的なスキルの獲得を目指す、文字どおり実践版です。本シリーズでは〝ＭＢＡの視点〟を「ビジネス機能のつながりを体系的に理解する」と定義して、それを念頭に置きつつ、国際的に通用するという点と、実践的な場面での意思決定を促す点を重視しています。

どの世界でも通用する「生きたビジネスの法則と理論」を結びつけて、自分自身の市場価値向上につなげることを目指すビジネスマンにぜひ読んでいただきたいと考えています。

■謝辞

本書の出版にあたり、監修をいただきましたニッセイキャピタル　チーフベンチャーキャピタリストの池上重輔氏に感謝いたします。総合法令出版の代表取締役仁部亨氏、田所陽一氏、足代美映子氏、竹下祐治氏に感謝の意を表します。また執筆・構成協力をいただいた森上隆史氏、柴田健一氏、執筆協力をいただいたウイリアム・アーチャー氏（ロンドンビジネススクール）、源野松太郎氏に感謝します。

目次

第3章　営業組織

第4章　営業チームのマネジメント

第5章　戦略営業プロセスⅠ～需要の発見と顧客へのアプローチ～

第6章　戦略営業プロセスII～顧客の把握～

第7章　戦略営業プロセスⅢ　～提案～

第8章　戦略営業プロセスⅣ
～プレゼンテーション・交渉・フォローアップ～

第9章 戦略営業のための基本動作

本文イラスト　大橋ケン

■本書の構成■

章	内容	区分
第1章 営業とは	包括的な営業の定義	組織として
第2章 経営の中の営業戦略 第3章 営業組織	会社または事業部レベルの組織としての営業戦略	組織として
第4章 営業チームのマネジメント	個別営業部門内のマネジメント	組織として
第5章 戦略営業プロセスⅠ ～需要の発見と顧客へのアプローチ～ 第6章 戦略営業プロセスⅡ ～顧客の把握～ 第7章 戦略営業プロセスⅢ ～提案～ 第8章 戦略営業プロセスⅣ ～プレゼンテーション・交渉・フォローアップ～ 第9章 戦略営業のための基本動作 付録 MBA的営業能力とは	営業マン個人としての戦略面（コンサルティング営業手法と基本動作）	個人として
【コラム】自己インセンティブマネジメント	営業マン個人としての気合い面	個人として

第1章

営業とは

1-1 営業とは

営業とは何でしょうか？　「何をいまさら……顧客にモノを売ることだろう」と思う人も多いかもしれません。しかし、単にモノを売ればいいだけなのでしょうか？

広辞苑によれば「営業（えいぎょう）：事業を営むこと。商売。」となっています。商売とは、継続的に利益を出す行為です。MBAの定義では、営業とは継続的に利益が出るようにモノ・サービスを売る行為です。右肩上がりに経済が伸びている時代なら、「利益の出る売り方」にさほど注意を払わなくても利益が出ることも多かったでしょう。しかし、現在は「継続的に利益が出るようにモノ・サービスを売る行為」を営業と定義せずには企業が立ち行かないのが現実です。

では、営業部門とは何でしょうか？　もちろん客と直接接触して取引を行うのが営業部門ですが、その役割は何でしょう？　実は単なるモノを売るだけの部門ではないのです。

営業担当者は顧客にとってその企業そのものです。営業担当者は企業が提供する製品を

営業とは

継続的に利益が出せるように
モノ・サービスを売る行為

↑

単に顧客にモノを売るだけでは企業が立ち行かない

個々の顧客の要望に適合させたり、重要な情報を企業へ持ち帰ったりします。営業担当者は顧客を教育し、顧客と交渉して契約を締結しなくてはなりません。

これほど重要で複雑な役割を持つ「営業」ですが、これまでは真剣に営業戦略について語られることは少なかったようです。どちらかといえば、気合と俗人的なキャラクターに負うところが多いと思われてきたためでしょう。

本書では、営業は「気合」と「戦略」の両方が必要であると考え、これまで光があてられてこなかった企業全体の営業戦略と、営業担当者が戦略的な営業行為をいかに行うかに重点を置いています。

1-2 「気合」と「戦略」

営業において戦略はとても重要ですが、だからといって気合が必要ないわけではありません。成功する営業において、気合は基本的に必要なのです。

一部には、営業戦略に走りすぎたために気合がなくなっているような企業もあります。ネットベンチャーブーム期には、スマートなビジネスモデルとロジカルに構築されたマーケティング・営業プランだけで売れた気になってしまい、肝心の「粘り強さと熱意を持って売り込む」という基本をおろそかにしたために崩れていった企業も少なくありませんでした。また同時期の大手企業でも、緻密な顧客調査と営業ツールができたはいいが、営業企画部と現場がかい離しているため実際の営業スタッフは冷めたまま、という例がよく見られました。重要なのは、営業には戦略と気合の両方が必要だということと、いかにバランスよくそれらを実行できるかということです。

たとえば、どんなによく練られた戦略であっても完璧ではありません。実際に営業をし

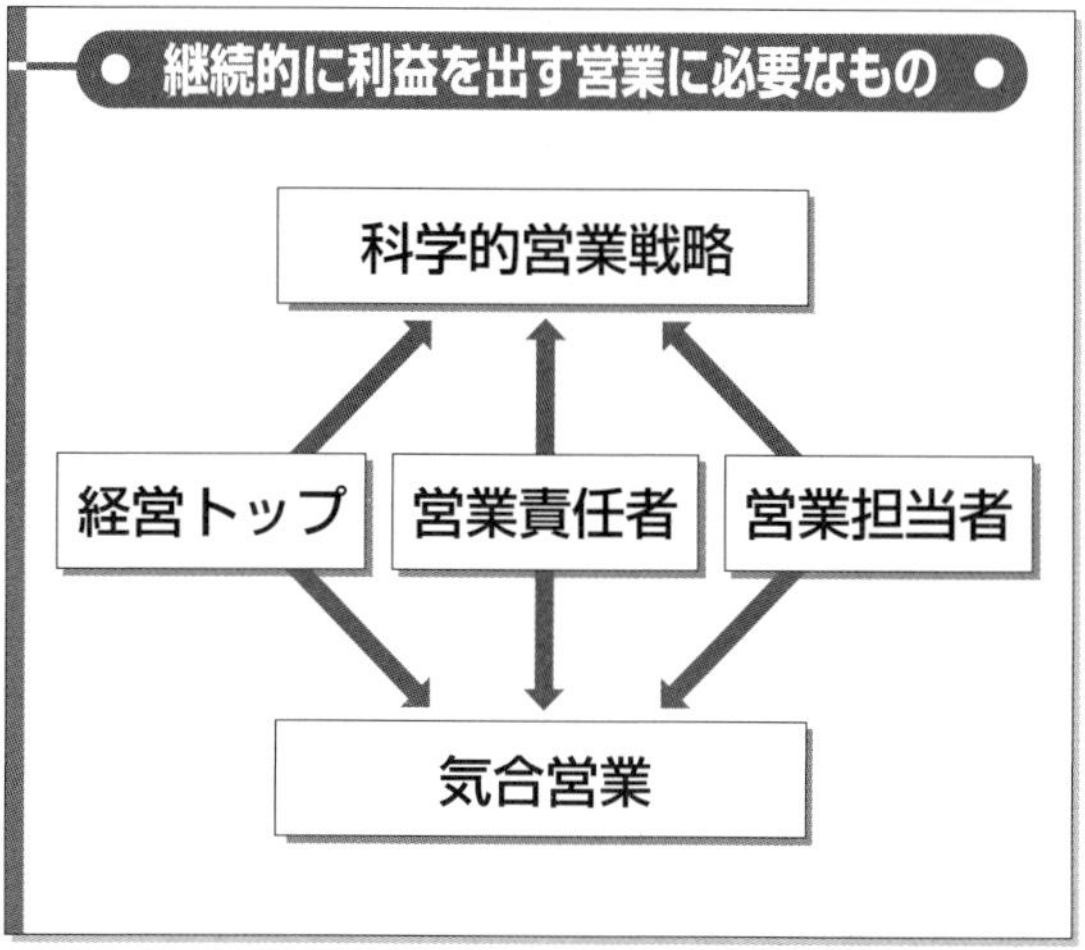

てみると、思いもしなかった穴や、うまくいかない点が山のように出てきます。それらを乗り越えて成果を出し、成功に導くのは気合なのです。

一方、営業部全員が闇雲にドアノック営業をしたり、現在売上が上がっている顧客のためだけに営業時間を使ったりといった気合だけの営業でもいけません。この場合、安定的な成果や半年後、一年後の受注を見越した行動ができず、中長期的に見て組織として継続的な利益を生み出すことが困難になります。やはり「継続的に利益が出るようにモノ・サービスを売る」ためには、戦略と気合の両方が必要なのです。

COLUMN

自己インセンティブマネジメント①

～目標の設定～

COLUMN

自分で立てた目標に向かって邁進するとき、人は燃え上がるものです。目標なく人の指示でやらされていると感じているときは気合も入らないでしょう。その目標も高く、大きいものにすると気合の入り方も違ってくるのではないでしょうか。

こんな話があります。

――暑い夏の日、汗まみれになりながら大きな石を運んでいる人に、通行人が「何をしているのですか？」と尋ねました。「このいまいましい石を運ばされているのさ」と、その人は答えました。次に、別の人が同じ石を運んできました。しかしその人の表情は先ほどの人とは違い、力がみなぎっているように見えました。「何をしているのですか？」と尋ねると、「私はあの大聖堂をつくっているのだよ」という答えが返ってきました――

「いまいましい石を運ばされている」と思って働く人と、「大聖堂をつくっている」と思って働いている人、あなたはどちらの仕事のやり方を好ましいと思うでしょうか？

目的を持って仕事をしていると、先手先手の仕事ができるようになります。人に指摘される前にどんどん自発的に仕事ができるようになるとさらに気合が入ってきます。「やらなければな

目標を持つことの重要性

あなたはどちら？

「いまいましい石を運ばされている」と思いながら石を運ぶ	VS.	「大聖堂をつくる」という目標を持って石を運ぶ

らない」と思いながらも後回しにしていたことを人に指摘されると、一気にやる気をなくしてしまいませんか？　子供の頃、親から「宿題やったの？」と聞かれて、「いま、やろうと思っていたのに！」と腹立たしく思うあの心理です。

先手、先手で進めていくと、自分のペースで仕事がやりやすくなってきます。そして自分のペースで仕事が回ってくると、さらに次の先手を……ということになります。たとえば、疲れた日の営業日報は明日に回したくなりがちですし、今日会った人へのお礼は次回会ったときに口頭で告げればいいだろうと思いがちです。しかし、明確な目標を持って甘えを断ち切り、先手をとるのが大切なのです。

第2章

経営の中の営業戦略

2-1 営業戦略とマーケティング

これから組織としての営業戦略を考えるにあたって必要なのは、マーケティングや経済性の考え（ファイナンス・アカウンティング）と心理学です。その中でもとくに重要なのがマーケティングですが、これは重要性の割に正しく理解されていないようです。たとえば、単に市場調査や広告宣伝を行うことがマーケティングのすべてではありません。マーケティングとは、基本的には「徹底的に顧客志向でビジネスを考えること」です。そして、営業戦略を策定する際にマーケティングを活用するメリットは以下のとおりです。

①自社にとって重要な顧客を識別できる
②顧客の声の中で聞くべきものと聞かなくてもいいものとの識別ができる
③競合と比べて優位（かつ顧客にとって重要）な点を抽出し、説得力を持って説明できる
④競合と比べて自社が不利な点を早期に発見できる
⑤顧客からの値下げ圧力に（多少なりとも）対抗する手段を考えることができる

マーケティングとセリング（販売）

	出発点	焦点	方法	目的	成果
セリング（販売）	・工場 ・既存製品	・売り込み方 ・日常業務 ・「今日の糧」	アクション中心	現状の売上確保	売上数量に基づく利益
マーケティング	・市場 ・ニーズ	・売れる仕組みづくり ・戦略 ・「明日の糧」	分析・創造	継続的成長	顧客の満足に基づく利益

セリングとマーケティングの両方が必要

出所）嶋口充輝著『戦略的マーケティングの論理』誠心堂新光社

たとえ社内にマーケティング部門があって、マーケティング戦略を策定していても、営業戦略を策定する人は基本的なマーケティングのプロセスやツールを知っておかなくてはなりません。というのも、マーケティングプロセスはコンサルティング営業プロセスと重なる部分が多いからです。

マーケティングプロセスとは①マーケティング環境分析、②セグメンテーション・ターゲティング・ポジショニング、③4P（製品、チャネル、価格、プロモーションの最適組み合わせ）というステップをぐるぐる循環させながら考えることです。このプロセスのどの部分の話をしているのかを考えると、マーケティングの話がよく理解できるはずです。

2-2 経済性分析の必要性

顧客のニーズを的確に捉える一方で、利益を追求することも営業の役割としては重要な点といえます。そして、そのための営業戦略を立てるうえで必要になってくるのが**経済性分析の考え方**です。

経済性分析の考え方とは、一口でいうと「これだけの売上を上げるためには、これだけのコストをかけていい（これ以上かけてはいけない）ということを意識しながら営業戦略を立て、かつ日々の営業ができるようにする」ことです。この意識がないと、あまり売上が期待できないようなところへの営業活動の見切りができなくなって、ズルズルとコストをかけ続けるようなことになります。もっと問題なのは、大口顧客だからといってむやみやたらと営業コストをかけた結果、一番の大口顧客が最も儲からない相手になっていて、しかもそれが何年も気づかれずに放置されていたというケースです。営業の経済性分析の意識を企業として明確に持っていないと、図に示したような例はなくなりません。

経済性分析意識の必要性

メーカーA社の例

工場の稼働率を上げておくために、利益の薄さには目をつぶり、ある大口顧客に大幅な値引き販売をしていた

➡ ぎりぎり利益が出ているつもりで計算していたその大口顧客に対して、値引きのほかに営業担当者が訪問しては何かとサービスを提供していた

➡ （平均営業コストではなく）実際に営業が費やしていたコストで計算すると、まったく利益が出ていなかった

⇩

一番の大口顧客が一番儲からない顧客に！

大抵の企業では、現在の売上の大小または見込み売上の大小だけで営業戦略を考えているようです。「ウチは経済性を考えて営業しているよ」という企業でも、実際には一律のマージン構成を毎年見直している程度のことが多いようです。経済性分析においては、最低でも一スタッフあたりの顧客別訪問コストを算出して、実稼動から実際の顧客別営業費用を確認し、利益を確保するための営業費用の基準をつくっておく必要があります。

営業に対して、（本人の給料コストだけでなく）営業のための訪問一回にどのくらいのコストがかかっているかを企業全体として認識させるだけでも、その行動が変わってくることがあります。

2-3 組織として営業戦略を考える四要素

会社もしくは事業部として営業戦略を立てるにあたって、次の四つの要素で営業戦略を組み立てていく必要があります。

①攻略先（誰に対して）…攻略先とはそもそも誰に売るべきかを見極めることであり、セグメンテーションやターゲティングをするということである。営業レベルで具体的にターゲティングを絞り込む方法としてはＡＢＣ分析もある。

②活動の担い手（誰が）…どんな場合に自社の営業、卸、代理店チャネルのうちのどれを選択すればよいのかということ。

③営業手段（どんな方法・内容で）…直接訪問なのか、それとも電話なのかといった形式（方法）と、顧客に対して定型的な業務をこなすのか、それとも提案型の営業をするのかといった内容について。その中には、既存のどの製品を選択すればよいのかということも含まれる。

営業戦略を考える4要素

❶攻略先	セグメンテーションやターゲティングにより、狙うべき顧客を特定
❷活動の担い手	自社営業スタッフか、それとも外部を使うのか
❸手段	どんな形式でやるのか（定型的業務vs,提案営業）
❹投入量	営業スタッフの訪問頻度や販売促進費

④**投入量（どのくらい）**…営業の訪問頻度や、販売促進費をどのくらいかけるかといった要素はコストにかかわってくる。

営業戦略立案時に悩んだときはこの四つの要素に区分けしてみて、どの部分が問題になっているのか、さらにその相関関係はどうなっているのかを考えてみるとよいでしょう。

製品開発担当者は開発時に仮説としてどのような営業戦略があり得るかを考えています。しかし、その営業仮説と、実際に製品ができてきて「いかに売るべきか」を考える営業戦略とは区分けして考えるべきです。

以降では、この四要素を順に見ていきます。

2-4 攻略先の選定①～セグメンテーション・ターゲティング～

「この製品は、そもそも誰に対して販売するのが最適なのか」ということを見極める際に、マーケティングでよく出てくる**セグメンテーション**や**ターゲティング**という考えは有効です。セグメンテーションとは、市場をビジネス上意味のある形で顧客属性によって切り分けることであり、ターゲティングはその切り分けられた市場のうち、自社が狙うべき顧客層を特定することです。

通常、製品・サービスの開発時にセグメンテーションやターゲティングをしているため、製品・サービスが営業の手に渡った段階で狙うべき顧客層はある程度見えていることが多いはずです。とはいえ、製品開発時のセグメンテーションやターゲティングは、実際に売る段になると開発時の予想どおりにはなっていない場合が多いものです。そこで、営業レベルでも市場のセグメンテーションとターゲティングを行う必要が出てくるのです。

セグメンテーションとターゲティングは、マーケティング部門・営業部門のそれぞれが

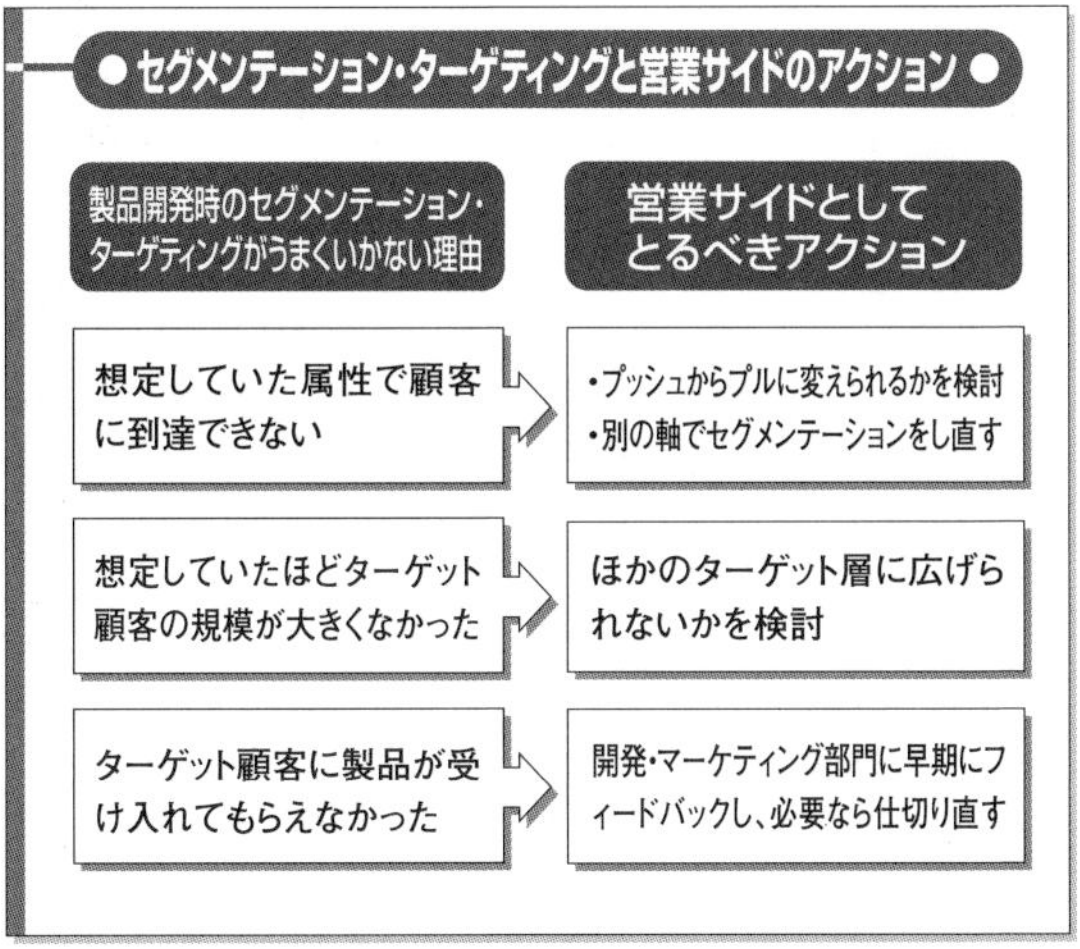

製品開発時のセグメンテーション・ターゲティングがうまくいかない理由	営業サイドとしてとるべきアクション
想定していた属性で顧客に到達できない	・プッシュからプルに変えられるかを検討 ・別の軸でセグメンテーションをし直す
想定していたほどターゲット顧客の規模が大きくなかった	ほかのターゲット層に広げられないかを検討
ターゲット顧客に製品が受け入れてもらえなかった	開発・マーケティング部門に早期にフィードバックし、必要なら仕切り直す

各段階で責任を持って行うべきです。営業レベルでセグメンテーション・ターゲティングの再定義を行う場合は、製品開発時の前提を確認しておきましょう。製品開発時のセグメンテーション・ターゲティングがうまくいかない最大の理由の一つは、想定していた顧客属性がうまく探せないことです。たとえば、競合製品Xをすでに所有している企業を顧客ターゲットとして開発した新製品があるとします。実際の営業において、競合製品Xを所有しているか否かを訪問前に見分けることは非常に困難でコストもかかることがわかった場合、製品開発時のターゲティングは実際には役に立たないため、営業部門で新たなターゲティングをする必要があります。

2-5 攻略先の選定②〜ABC分析〜

営業現場でもよく使われている**ABC分析**は、もともと製品の管理手法で、ほとんどの売上・利益はごく一部の製品から上げられるという「パレートの法則」[※]とあわせて使われることが多いものです。

営業でよく見られる使い方は、顧客を売上の多い順にA・B・Cの三ランクに分け、優先順位をつけて営業アプローチをかけるというものです。「優先順位をつけて行動する」という考え方は合理的かつわかりやすい方法なので、まずはこのやり方から始めるとよいでしょう。

ABC分析には、さらに二段階発展した使い方があります。

①売上だけでなく、利益（粗利益・営業利益）でABC分析をする方法

利益のABC分析と、売上のABCとを並べてみると、意外と双方にギャップがあることに驚くケースも少なくはありません。売上と利益の両方で上位にくる顧客が、現時点で

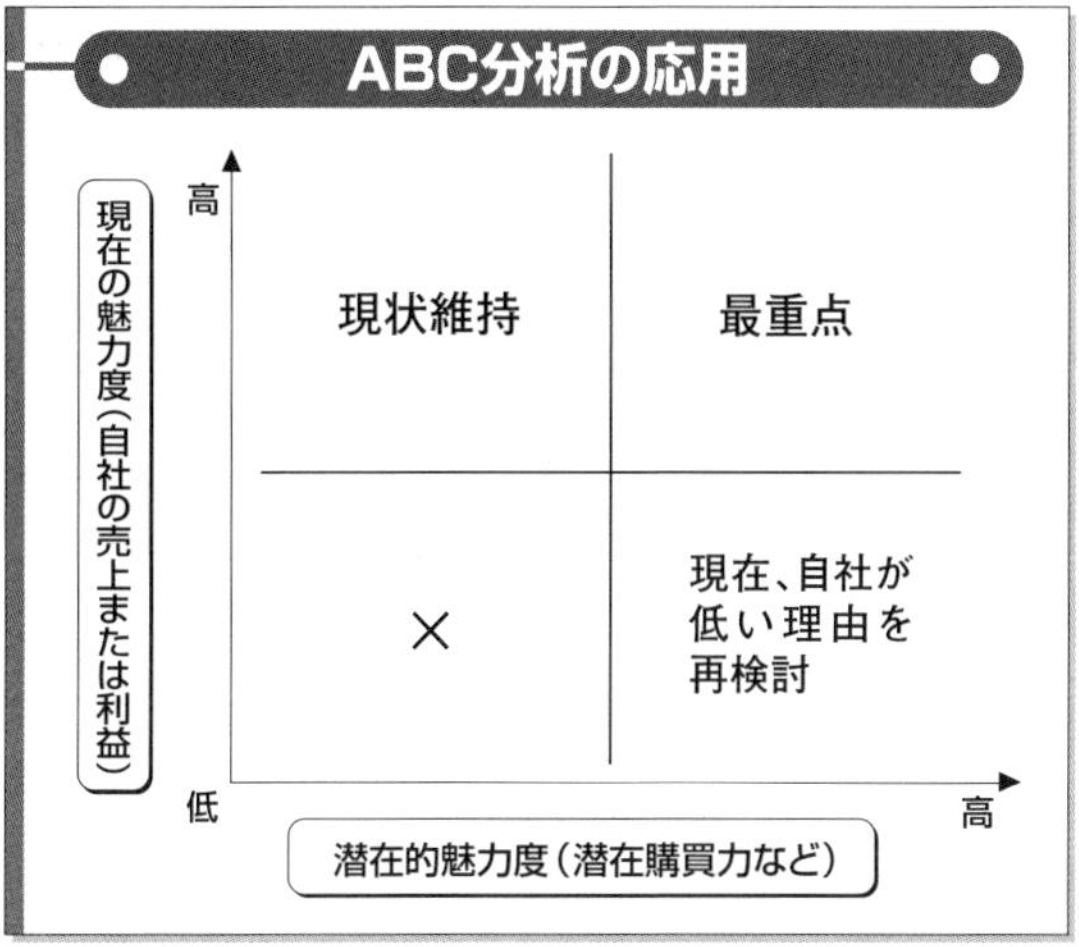

の優良顧客ということになります。

②潜在的魅力度でABC分析をする方法

自社の製品・サービスを買ってくれる余地の大きさ（潜在購買力など）の大きい順番に並べてみるという方法です。これを行うことによって、さらに優先順位のつき方にメリハリが効いてくるはずです。見込み顧客の潜在購買力がズバリ表されている資料などは存在しない場合が多いのですが、ヒアリングなどでコツコツ情報を蓄積することによって、かなり精度の高い潜在購買力が見えてきます。なお、まったくの初期で情報が少ないときは、単純に顧客の売上高を潜在的魅力度と仮定してもいいかもしれません。

※パレートの法則（8対2の法則）：イタリアの経済学者パレートが考案した「物事はすべて8対2に分割でき、上位20%が全体の80%の成果を出す」という法則。科学的な根拠があるわけではないが多くの事例があり、世の中の真理を突いているようにみえるといわれている。

2-6 営業活動の担い手

営業活動の担い手は自社の正社員のみではありません。契約社員や卸を使うなど、さまざまなバリエーションがあります。これらの中のどれを選ぶかは、「誰に対して」と「どんな内容を」との関係で決まってきます。たとえば、自社の営業スタッフは自前の教育ができ、比較的管理しやすいものの、固定費としてコストが高くなります。卸などを使う場合は固定的コストを低く抑えられますが、自社に対してだけの特別な対応は望みにくいのが難点です。契約社員は独自教育もでき、ある期間を区切れば変動費的に捉えられますが、会社への帰属意識が低い場合が多いため、管理には工夫が必要です。

「誰に対して」という観点から〝誰が営業活動をするか〟を考えると、営業をかけるべき相手の数が増えるほど外部を使う傾向が強くなります。また、すでに商流ができている場合は、その商流に組み込まれているチャネル（卸）を使う傾向が強くなります。また「どんな内容を」という観点からは、自社の製品・サービスの特殊性や複雑性が高いほど自社

営業活動の担い手オプション

		コスト	コントロール	速動性
自社営業スタッフ	正社員	高	高	○
自社営業スタッフ	契約社員	中	中	○
代理店・卸	既存	低	低〜中	◎
代理店・卸	自前	高	高	△

の営業スタッフを使う傾向が強くなります。

たとえば、外国のビールメーカーが日本に入ってきたケースでは、営業をかけるべき相手は多くの小売店やレストランであり、製品説明は複雑ではないため、基本的には酒類卸を使ったほうが効率がよいということになります。一般の顧客に対しては卸を使い、少数の大口顧客に対してのみは自社の営業スタッフが訪問する、という組み合わせもあるかもしれません。一方、熱伝導性の低いアルミ加工技術を開発した会社では、製品が複雑なうえ自社の営業スタッフでなければうまく自社製品の特徴を活かした営業ができないため、正社員のほか、契約社員を教育して営業を任せるといったオプションが現実的といえます。

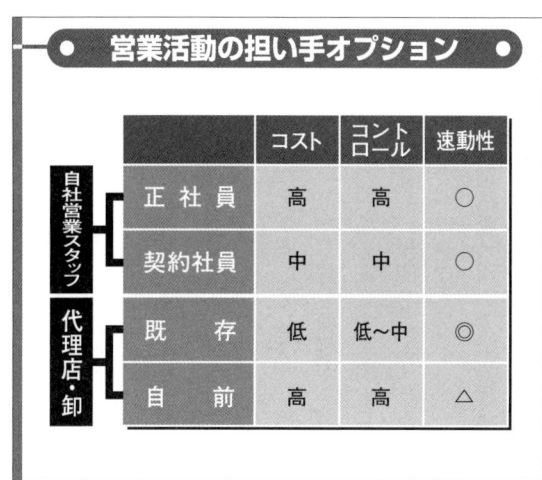

2-7 営業手段①～手段の把握～

業務内容は、訪問か、電話か、DMか、イベント集客かという形式分類と、定型業務か提案型かの分類があります。

電話やDMの場合、それのみで商品を売り切ることは少なく、顧客を誘導するツールとして使われることが多いでしょう。誘導ツールとして見たときに、電話はいわゆる「ハイコンテクスト型（ある程度顧客がその内容の想像がつく）」の商品・サービスに向いており、まったく未知の商品を電話で説明するのは困難です。DMは電話に比べてややコストはかかりますが、詳しい説明を書面・ビジュアルによって行えるため、多少新規性のある複雑なものでも紹介が可能です。

前項の「営業活動の担い手」で述べた事項とも関連しますが、電話でのアポイントメントを訪問営業スタッフに任せたほうがいいのか、それとも電話営業専門部隊を置いたほうがいいのかについてはよく議論になります。

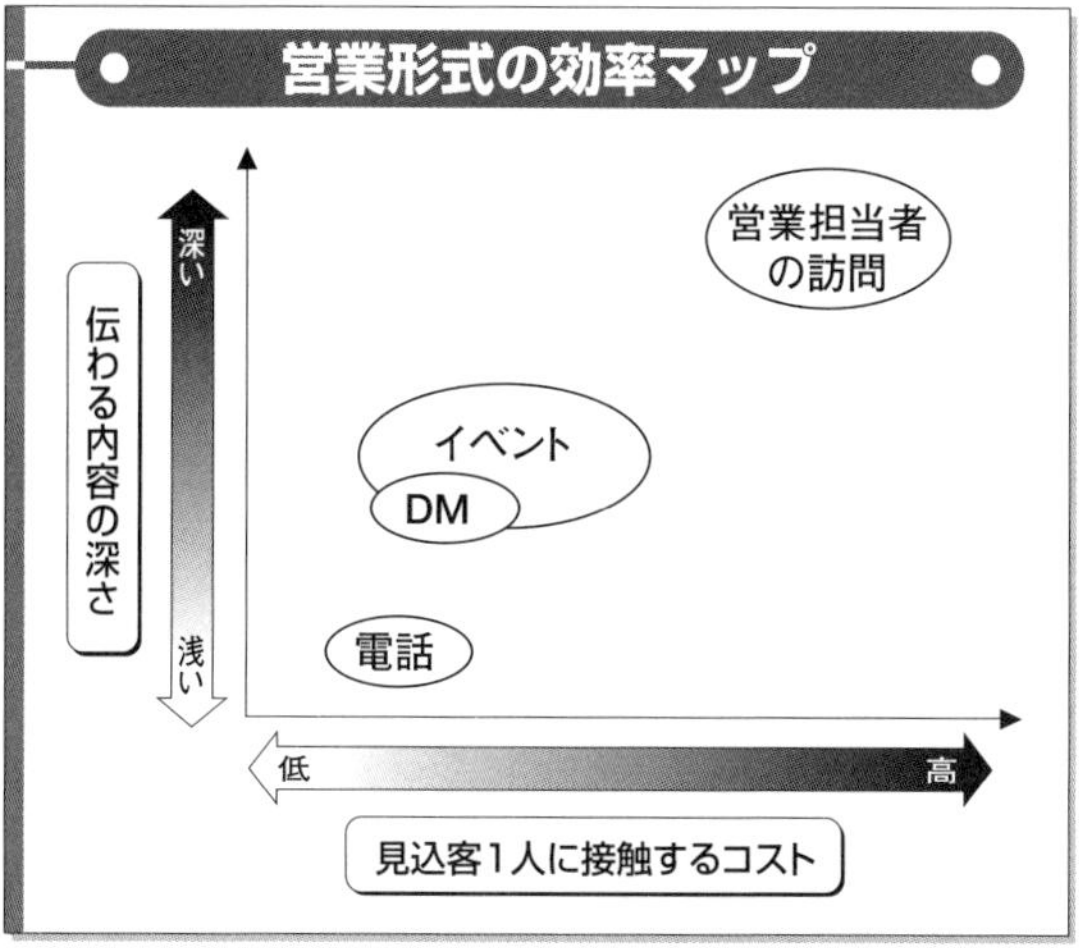

一般的には、訪問営業スタッフが電話をかけたほうが電話営業専門部隊よりヒット率が高くなるといわれています。そのため、手持ちの見込み客リストの質が高いようであれば訪問営業スタッフが電話をし、逆に、営業対象が大量かつ広範囲で、確率論的なアポをとるなら電話営業専門部隊が適しているといわれています。

また、これからは定型業務としての営業は減り、どんどん提案型に移行していくといわれています。これには、これまで定型的に営業してきたものについても、今後は提案型で営業していくということも含みます。

2-8 営業手段②　～提案型営業～

何を意味するのかが一見わかりにくいゆえに、提案型営業はさまざまな場で、しかもさまざまな意味合いで使われてしまい、混乱をきたしているようです。本書では、自社が提供しようと考えている製品・サービスの基本線がある程度固まっていて、それをどんな形で提供すればいいのかを顧客とのキャッチボールにより考えていくのが**提案型（コンサルティング型）営業**であると定義しています。これは戦略的に営業を考える際の最も基準になる型といえます。

そもそも、どんな商品ニーズがあるだろうかということを聞き、それにあわせて自社の資産・能力をつくろうというのは提案型営業ではありません（「事業開始・製品開発に向けてのサウンディング」と呼ぶべきでしょう）。ただし、商社がプラント開発プロジェクトを提案する場合は提案型営業といえます。この場合は、商社は自社の提供すべきサービスの基本線が見えており、「そのプロジェクトをマネジメントまたはコーディネートする能力」

● 提案型(コンサルティング型)営業ではないもの ●

「どれだけ売ったか」のみを目標とするノルマ型営業

ただただ「顧客のいいなり」になる伝書鳩営業

何をすればいいのか、何をつくればいいのかを顧客に聞きに行く営業
→営業以前のステージ

が売りだからです。

また、それまで一カ月モノしかなかった雑誌広告枠を、三カ月モノと六カ月モノと一年モノという新たな三商品として加える場合なども提案型営業といえるでしょう。

このように、現在の製品をどのように構成し直すかを提案するのも提案型営業なのです。

マーケティングでは顧客の（表面化していない）潜在ニーズをいかにとらえるかに腐心していますが、提案型営業においては、顕在ニーズは満たし終えた、または自社が利益を出せる範囲では絶対その顕在ニーズを満たせないというレベルまでは、まず顕在ニーズを実直に満たすべきでしょう。

2-9 営業投入量

営業投入量とは、どのくらいの頻度で、どのくらいの時間をかけて特定顧客に営業活動をかけるか、それぞれどのくらいの販促費をかけるかということです。営業投入量（どのくらい）を決めるにあたっては、これまで見てきた営業を考える要素「誰に」「誰が」「何を」のすべてを考慮に入れる必要があるため、具体例を見ながら検討していきましょう。

【金属加工装置メーカーA社の例】

○前提：一台ごとの売り切りなので、購入時期に合わせて売り込むことがポイント。商品自体に他社との差別化は少ない。
○活動の担い手：ノウハウ指導を含め高度な商品知識が必要なため、営業体制は直販。
○分析①：納入できた顧客ごとに年に何回訪問したかを算出してみると、三回以下の訪問で売れた顧客はほとんど存在せず、三〜一五回までは訪問頻度に比例して成約率は上がっていた。ただし、一五回以上訪問しても成約率はほとんど上がらなかった。

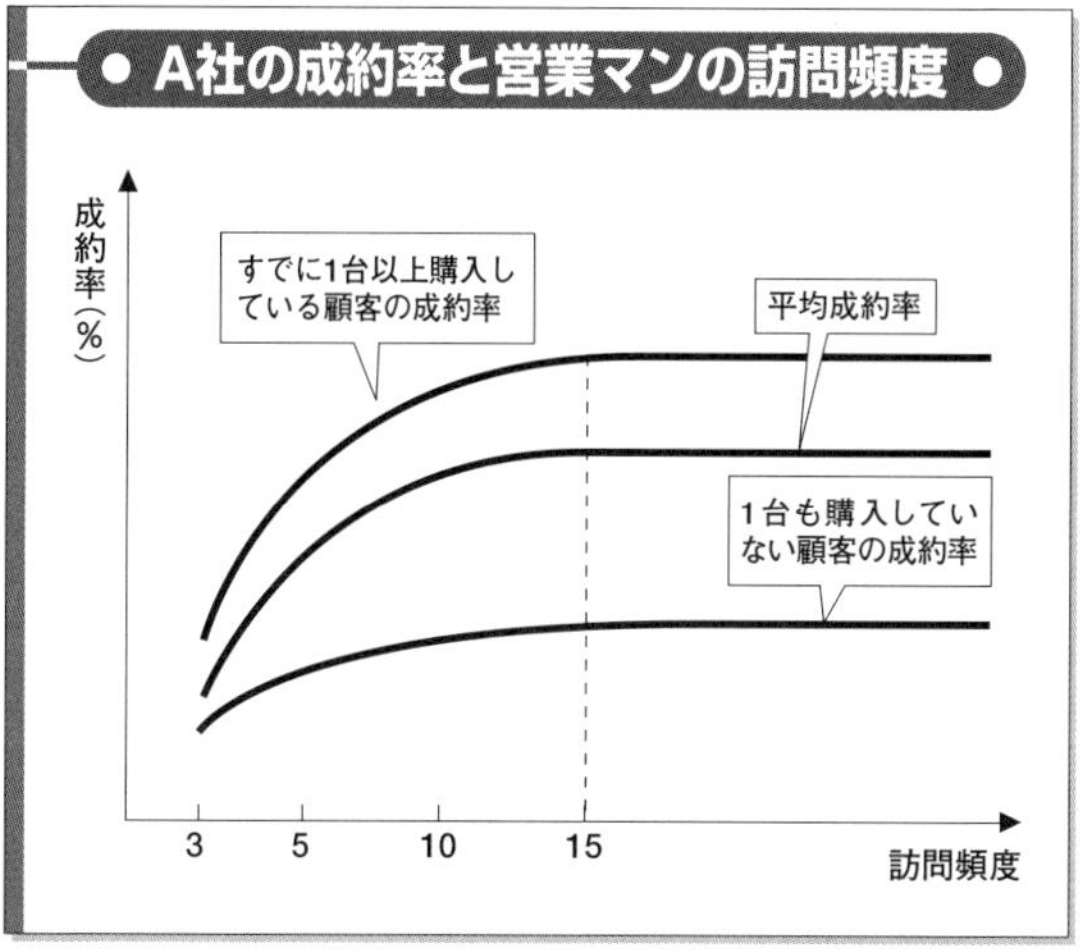

○分析②：すでに自社の商品を一台でも購入している顧客は、一台も購入していない顧客よりも成約率が二倍高かった。

○誰に・どのくらい：「すでに一台以上購入している顧客に三回以上訪問すること。ただし、一五回以上訪問しても成約できなかった場合は深追いをしない」という基本ルールをつくる。これにより、訪問が少ないため顧客が機械を購入しようとしていることに気づかないまま他社に奪われていたチャンスロスをなくすことができる。また、ある回数以上訪問しても売れないならば、ほかの顧客を訪問して売ったほうが得になる基準を把握できたことにより、訪問過多を防止することができるようになる。

第3章

営業組織

3-1 自社営業と代理店チャネル

営業組織はまず、自社営業型と代理店チャネル営業型に分かれます。顧客に直接自社の営業スタッフが出向くのが前者、代理店の営業スタッフが出向くのが後者です。前者の自社営業では自社で営業チームを構築しますが、代理店チャネルは外部に営業を委託することによって構築されます。また、代理店チャネルは既存のチャネルを活用する方法と、自前（専売）のチャネルを築く方法があり、新規食品メーカーが販売を食品卸に依頼するのは既存代理店チャネルの活用例です。

自前の代理店チャネルで有名なのは松下電器のナショナルショップです。自前の代理店チャネルは自社のためだけに販売をしてくれるため強力なパートナーとなり得ますが、構築のためのコストは大きく、そのチャネル自体が陳腐化したときには重荷になる場合もあります。

代理店（とくに自前チャネル）は一度築くと変更がしにくいため、構築前には慎重な検

チャネル政策

	開放的チャネル政策	選択的チャネル政策	専売的チャネル政策
目的	中間業者の最大化による売上増大	リテールサポートによる売上安定化	差別化を高め固定客化の促進と売上の安定化
中間業者の協力度	期待できない	期待できる	かなり期待できる
中間業者の数	最も多い	少ない	かなり少ない
広告費の節減度	かなりかかる	普通	ややかかる
販売予測の正確度	△	○	◎
商品分類適合性	（日用雑貨、食品）	（家電、医薬品）	（自動車、石油）
主なプロモーション戦略	プル戦略（広告重視）	プッシュ戦略（人的販売重視）	プル戦略とプッシュ戦略の複合型
チャネルパワーと依存度	小	中	大
チャネル維持費用	小	中	大

代理店選択時のチェックポイント例

- 商品知識を得る意欲があるかどうか
- 営業スタイルは御用聞き型か提案型か
- 過去の扱い実績（バラツキがないか）
- 新規顧客を開拓しているか否か
- 新しい商品を積極的に取り入れる社風か
- 人材構成（年齢・経験）

注）信用調査済みであることが前提

討が必要です。代理店チャネルの活用には、なにより「その製品を売ろう」という強いインセンティブを持ってもらうことが必要です。それは商品が売れるという確証であったり、厚い代理店マージンであったりします。

実際のチャネル政策は、既存のチャネルと自前のチャネルの中での自社のコントロール度合いにより、①自社製品を独占的に提供する専売的チャネル、②条件に合致した販売先に絞り込む選択的チャネル、③より幅広く多くの中間業者に商品を流す開放的チャネルの三つに分けられ、それぞれ商品の内容によりメリットとデメリットが挙げられます。

3-2 営業組織の規模

営業部門の規模を決定する要素には、①顧客の潜在規模、②現在の自社の売上高という二つがあります。

①顧客の潜在規模（販売生産性アプローチ）

セムローの提案した方法で、担当地域の潜在市場規模の大きさにより一人あたりの売上高が変わってくることに着目したものです。まず市場をいくつかの地域に分割して、地域ごとに営業スタッフの配置数の代替案をつくります。その代替案ごとに売上高・経常利益・投資額を推定し、ＲＯＩ（投資収益率：投資額に対する経常利益の割合）を計算します。

たとえば、市場を一〇〇地区に分けて一〇〇人の営業スタッフを配置したときに、一人あたりの売上高が八〇万円だったとしましょう。同じ市場を四〇地区に分けて四〇人の営業スタッフを配置しても、一人あたりの売上は一一〇万円にしか増えず、しかも前者の投資収益率は三七％、後者のそれは二七％となったとします。多くの代替案を比較した結果、

販売生産性アプローチの例

区分けした地区数	100	65	40
総営業スタッフ数	100	65	40
1人あたりの売上（万円）	80	100	110
1人あたりの費用（万円）	30	30	30
地域の総売上（万円）	8000	6500	4400
地域の総費用（万円）	5000	3950	3200
営業利益（万円）	3000	2550	1200
ROI（%）	37.5	39.2	27.3

六五地区六五人体制が投資有益率三九％でベストの案となったという形で考えます。

②自社の売上高（業務量アプローチ）

タリーの提案した方法です。まず顧客を自社からの売上高規模別に分類して、区分ごとに一顧客あたりの最適訪問頻度を設定し、さらに顧客総数に対する総訪問頻度を一人あたり可能訪問頻度で割って必要営業スタッフ数を算出する方法です。たとえば、大口顧客には月二回、中口には月に一回、その他は三カ月に一回という最適訪問頻度を設定し、全顧客に必要な総訪問頻度を年間二〇〇〇回として、一人の営業スタッフが年間七〇〇回訪問可能とします。この場合、三人の営業スタッフが必要であるという計算になります。

3-3 営業組織のパターン

営業部門の組織編成は基本的に地域別組織、製品別組織、顧客別組織の三種類があり、実際はその組み合わせで行われます。

①地域別組織

製品や顧客が比較的同種の場合には地域別組織が適しています。メリットとしては営業スタッフの責任を明確化し販売意欲を引き出しやすいこと、顧客が各地域に偏在している場合には交通の時間ロスが少なく密着型で営業ができることなどが挙げられます。担当地域の割り方は、管理のしやすさのほかに、前述の潜在市場規模または業務量を均等化する方法の両方を勘案して決められますが、大抵は製品別または顧客別組織を併用しています。

②製品別組織

製品別組織のメリットは、営業スタッフが一つの製品に特化することにより製品知識が高度化することです。そのため製品が技術的に高度だったり、関連性のない複数の商品分

クラフト社の事例

米食品メーカー最大手のクラフト・フーズ社は、ここ数年で9つあった営業部隊を1つに統合した。同じ小売店に複数の営業マンが出向く無駄を省くと同時に、情報を集約してニーズに合う製品を開発する狙いだ（2003年2月12日付 日本経済新聞より）

成熟したアメリカ食品市場でも、こうした機動的営業組織の再編により、同社の製品出荷量は業界平均を上回る年3%の勢いで伸びている

野を扱っていたり、製品数が膨大な数に上っていたりする場合に適しています。ただし、これらの商品を同一顧客が購入している場合は、複数の営業スタッフが同じ顧客を訪問するコストと、特化した製品知識を持って顧客に営業できるメリットを比較してみる必要があります。

③顧客別組織

顧客別組織のメリットは、顧客のニーズに対する知識を蓄えやすく、対応も柔軟にしやすいことです。その分け方は顧客の業種別、規模別、新規顧客とメンテナンス別、または顧客のニーズ別などです。この組織の問題点は、顧客が全国に散在していた場合には営業コストが割高になりがちなことです。

3-4 アウトソーシングの活用

事務職での派遣社員やアウトソーシング（外注）の活用は、すでに日本企業にも普通に見られる光景となりましたが、営業職においても戦略的にこうしたサービスを活用しようとする動きが出てきました。アウトソーシングサービスを提供する企業も増えてきて、営業組織戦略の重要なオプションとしていかにアウトソーシングをうまく使うかを積極的に考えてもよい時期にきているようです。

アウトソーシングを使う意味を改めて確認すると、①人件費の流動費化、②機動的に営業量を確保（繁忙期のみ、テストマーケティングのみなど）、③テンプ・トゥ・パーム（派遣で仕事をした後に企業とスタッフの合意により正社員または契約社員になる）の仕組みを使うことにより雇用のミスマッチのリスクを減らした正社員採用ができることです。

これまで、アウトソーシングの活用は正社員による営業活動をいかに効率よく支援するかという視点で進められてきました。たとえば、正社員がより訪問に集中できるよう新規

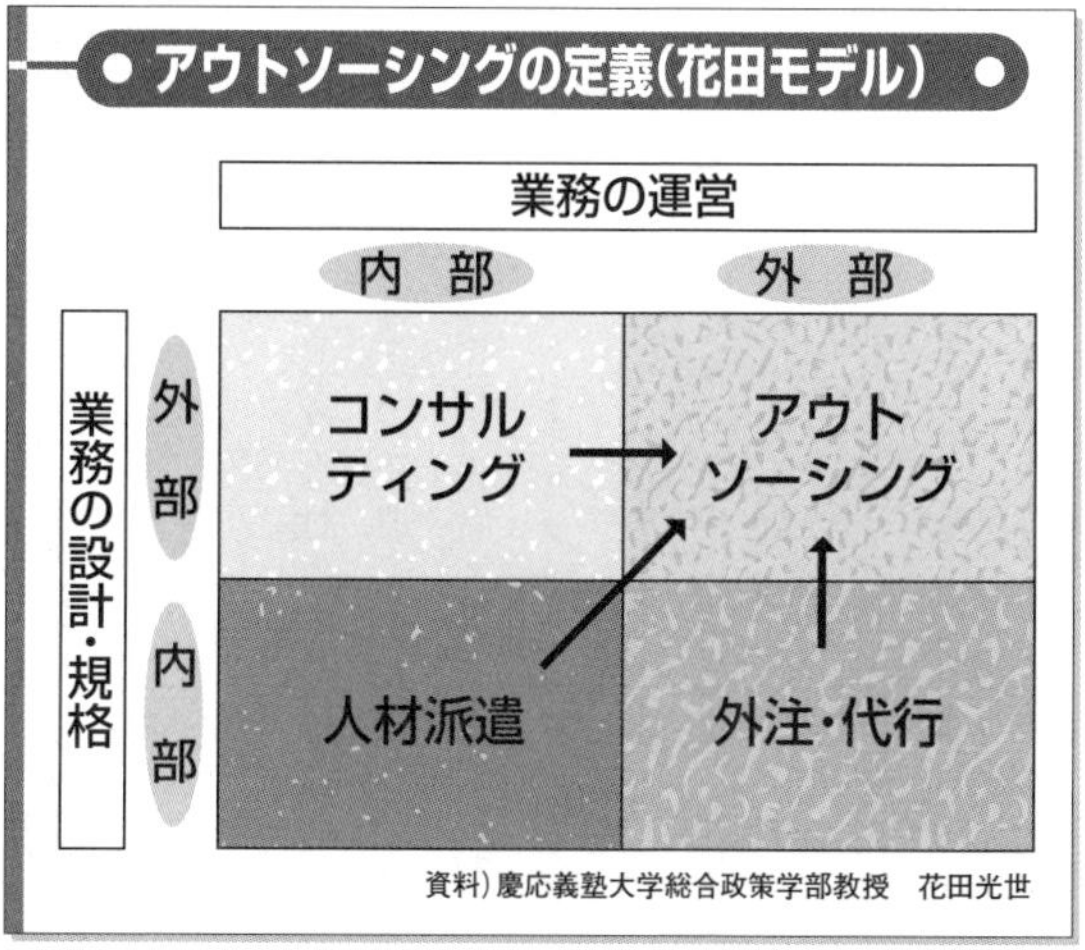

資料）慶応義塾大学総合政策学部教授　花田光世

顧客開拓のための電話営業を丸ごとアウトソーシングし、この外注された電話営業部隊がアポを集中的にとって、その後正社員が訪問をするというような形式です。ヒット率の低い膨大なリストから見込み顧客を探さなくてはいけないような場合には、こうしたやり方が効果的な場合があります。

もちろん、直接顧客を訪問する営業としてアウトソーシングを使う例もありますが、その場合でもこれまでは正社員の補助的役割が多かったようです。しかし最近の特徴としては、営業職の中でも非常に専門性を必要とされるような業種において、その業種に特化したアウトソーシングサービスを提供する動きが見られ始めてきました。

3-5 アウトソーシングの活用例

アウトソーシング会社の中には、対象業種を絞り込むことにより派遣する営業スタッフの品質を向上させ、派遣先正社員と同等の役割をこなす例も出てきました。製薬会社向けにMR（医薬情報担当者＝製薬会社における営業的存在）をアウトソーシングするCSO（コントラクト・セールス・オーガニゼーション：医薬品販売業務受託機関）を生業とするファーマネットワーク社の例を見てみましょう。

まずファーマネットワーク社は、対象を製薬業界に絞り込むことによって非常に強力な教育・研修機能を持つことができました。これにより、医薬業界経験者のみでなく、他業界（金融や小売りなど）からの転職者にもMRとして充分な業界知識とスキルを身につけさせることができるようになりました。同社のユニークな点は、この専門性・スキル向上にとどまらず、提供するサービス品質の保証（単なる人数派遣ではなく、営業結果を提供）に最も重点を置いたことです。そのために同社は、次の二つのことを実践しました。

製薬メーカーのニーズと課題

ニーズ	課　題
・新薬は導入時にシェアをとることが重要 ・一定期間に大量のMR(営業担当者)が必要	・一定期間を過ぎれば、それほど多くのMRはいらない ・導入期を逃すとチャンスロスは大きい

↑

ファーマネット社のソリューション
高品質のMRをアウトソーシングとして必要な時期に必要な量を提供することにより、製薬メーカーは効率的な新薬導入ができる

①「トップ営業マンの行動特性（コンピテンシー）」の概念をいち早く取り入れ、MRとして営業成果が出せるかどうかを採用前に判断できるMR向けのコンピテンシーテストを独自に導入

②品質重視の企業文化を浸透・徹底させるために、すでに各製薬会社に派遣している同社のMRを二カ月に一度本社に呼び集め、ブラッシュアップ研修を行う

これらを実践した結果として、同社が派遣したMRが派遣先の正社員MRよりもよい営業成績を納めている例まで出始めているということです。今後、こうした営業アウトソーシング会社の活用方法の差が営業成果に大きな違いをもたらすようになるかもしれません。

COLUMN

自己インセンティブマネジメント②
～競争する（人と、自分と）～

COLUMN

「同僚には負けたくない」という気持ちは、自分に気合を入れてくれるものです。非常に身近であり、かつ直接刺激を与えてくれる存在であるため、その競争意識が空回りさえしなければ気合を入れる特効薬になるのです。

競争相手を設定して気合を入れる場合、誰を競争相手に選ぶかによって気合の入り方は変わってきます。

たとえば、あなたが大きな目標に向かって邁進するタイプであれば、社内のナンバーワンセールスマン、あるいは業界の伝説のトップセールスマンを競争相手として猪突猛進するのもよいでしょう（どんなにすごい相手であっても、自分がその人を競争相手と思うのは勝手ですから）。

逆に、あまりに上すぎるレベルの相手だと現実感が湧かないというタイプならば、自分より一～二割くらい上のレベルの人を競争相手に設定して頑張ってもいいでしょう。ただし、その一～二割上の相手に追いついた場合、それで満足してしまうと気合も抜けてしまうため、すぐにより一～二割上の人を見つけて新しい競争相手にする必要があります。

ただ、「他人と競争するのはどうしても苦手」という人も少なからずいるでしょう。その場

競争相手の設定（ベンチマーキング）

自分の性格	常に大きな目標（競争相手）を目指して邁進したい	現実的な目標（競争相手）を確実に上回りたい	基本的に他人と競争することは苦手・できない（自分がトップのために競争相手がいない場合も）
ベンチマーク	社内No.1セールスマン、業界伝説のトップセールスマン	自分より1〜2割程度上のレベルの人	自分（昨日の自分より成長する）

合は、自分を競争相手として「昨日の自分より今日の自分が勝つ、先月の自分の成績を今月の自分が塗り替える」といったような意識で気合を入れてもよいでしょう。

ちなみに、自分との競争はトップパフォーマーにもあてはまる方策といえます。営業を始めた当初は上の人を目指してがむしゃらに頑張ったものの、社内のトップになり、さらに精進して業界でも有数のトップセールスマンになってしまったときに、「次の目標がなくて気合が入らない」と感じる人もいるようです。そのようなときこそ、さらに大きな目標を設定し、「いまの自分のライバルは去年の自分だ」というような意識を持つことが重要なのではないでしょうか。

第4章

営業チームのマネジメント

4-1 競争のマネジメント

古典的には、営業チームのマネジメントは営業スタッフ同士を競わせる形で売上を上げてきました。そのため営業マネジャーにとってのチームマネジメントとは、営業スタッフ同士の競争をいかに盛り上げるかということでした。各人の営業目標と営業成績を壁に大きく貼り出し、毎日その成果を競わせるという風景は、営業部門では見慣れた光景ではないでしょうか。

競争のマネジメントを実践するには、**内的理由（プライド面）**と**外的理由（評価面）**の二つを考える必要があります。人間には向上心と自己実現欲求があり、この部分を刺激するのが内的理由です。一方、パフォーマンス・ボーナスや報奨金を得る、成果を上げて昇進するというのが外的理由です。

平均以上のパフォーマンスを上げている営業スタッフに対しては、パフォーマンス・ボーナスなどの外的理由をうまく使えばマネジメントできると考えているマネジャーは少なく

競争のマネジメント

対トップパフォーマー
金銭的報酬に加え、内的インセンティブも提示

対中位者
さらに上のチャンスがあることを常に意識させる

対ローパフォーマー
○具体的な改善・プロセス・方法論の提示 ○営業マン以外の道を提示すべきときの見極め

ないようです。それは確かに事実ですが、昨今最も心配なのは、トップパフォーマーが他社に移ってしまうことでしょう。報奨面の仕組みだけでやる気を引き出しているような場合は、それ以上の報奨金などを提示されると簡単に引き抜かれてしまうことがあります。

ひたすら競争心をあおってトップパフォーマーに稼ぎまくってほしいという気持ちもわかりますが、彼らに組織内での指導的役割も与え、内的使命感・充足感を感じてもらうことも必要ではないでしょうか。

営業マネジャーとしては常にライバル企業の存在を意識し、トップパフォーマーが競合他社に引き抜かれないように、という報奨面以外の視点も必要になってきます。

4-2 協調のマネジメント

これまで競争マネジメントの部分が強調されてきた営業の世界ですが、最近では**チームワーク（協調のマネジメント）**が注目されてきています。しかし、チームワークといってもどうすればよいのかわからないまま、単なる傷のなめ合いチームになっている例もあるようです。

協調のマネジメントでは、何を協力し合うべきかを明確にし、そのプロセス・結果をモニターして評価することが必要です。協力し合う点としては、ノウハウの共有化が筆頭に挙げられます。その際には成功事例だけでなく、失敗事例も共有したいものです。これは営業会議の席で行っても、個別に聞き取る形でもかまいません。

まずは、営業会議の席上で成功・失敗事例を開示し合うことにより「ノウハウの共有化をするんだ」という雰囲気をつくることが必要です。その際には、単なる自慢や批判、責任追求の場にならないよう、成功・失敗ともその要因は何だったのか、どうすればほかの

ノウハウ共有のポイント

1. 成功・失敗事例と前後の背景・ストーリーをともに具体的に説明する
2. 「なぜ」それがうまくいったか、もしくはうまくいかなかったかの理由を考察する（似たような背景・ストーリーで一方がうまくいき、もう一方がうまくいかなかった事例を対比させ、その理由を比較・考察するとよい）
3. 理由が「個人技」によるとの結論に至ったときは、いかにしてその個人技を身につけたか、または身につけられるかの議論をする

営業スタッフも真似られる、または同じ失敗をしなくてすむのかといった議論に持って行くようにしましょう。

一匹狼が多いといわれる営業部隊では、協調させるのが難しい人もいるかもしれません。そのようなときには大手経営コンサルティング会社で実施しているように、半期ごとの業績評価の何割かをほかの営業部員が〝その人にどれだけ助けられたか〟で評価するようにするのも一つの方法です。基本的に営業スタッフは自分のパフォーマンスで評価されるものですが、チームへの貢献度で評価ポイントを加え、その評価はほかの部員からの投票ということにすれば、営業の動きも変わってくるはずです。

4-3 チーム管理の効率化

マネジャーは、日々のチーム管理を直接の会話のほかに営業日報・週報などのレポートで行っており、これに相当の時間を費やしています。この管理の効率化に向けて、SFA（セールス・フォース・オートメーション）という概念が最近注目を浴びています。SFAの定義は実は幅広いのですが、一般的にはモバイル・コンピューティングやグループウエアなどの情報技術を利用して営業活動をトータルに支援し、生産性の飛躍的向上や顧客満足度の向上を目指すこととなっているようです。

最終的には顧客満足の向上を目指しながらも、実際のところ、まずは営業の情報共有とチーム管理ツールとして徹底的に使いこなすことによって有効にツールを活用することが重要です。ちなみに、パッケージソフトの汎用版であれば十数万円のコストから導入できます（大手のソフトウエアでは数千万円単位のものもあります）。

まずは営業スタッフの活動報告の収集と営業段階での商談進捗状況の管理・分析に使う

●紙による管理をSFAに移行するメリット●

日報、全体行動、顧客リストなどを関連づけて見ることができる

各営業スタッフにどんな指示を出したか、さらにその指示に対するアクションの有無などを漏れなく確認しやすい

上記データの分析材料が得られやすい

ことによって、チーム管理が漏れなく、かつ効率的になるはずです。紙ベースで各人の顧客リストや行動一覧、個別の日報を管理するのは大変です。そのため、どの営業スタッフにどんな指示を出さなくてはならないか、また指示を出したかどうか、そしてその報告を受け取ったかどうかがゴチャゴチャになってしまっているマネジャーの例も多く聞きます。

SFAを使うことによって日報や各人の顧客リスト、行動予定などを関連づけて見ることができるようになるうえ、自分がいつ指示を出したか、その指示に対する営業スタッフからの返事の有無はどうだったかなどはソフトウエアに明示されるため、管理の漏れも減らすことができます。

4-4 オープンブック・マネジメント

営業マネジャーにとって、チームの管理をして、いかにうまく部下のやる気を引き出すかということは重要なテーマです。さらに、「知らず知らずのうちに部下のやる気を削ぐ環境をつくっていた」というケースであれば、まず大前提としてそのマイナス部分である不満要素から取り除いていくことも重要です。

そして**情報開示**は、その不満を取り除くために非常に有効なものです。

具体的には、営業マネジャーの知っている社内外の情報は、差し障りのない限り日頃から営業スタッフにも伝えます。まず、マネジャーから情報共有化の姿勢を見せておくわけです。マネジャーは一般の営業スタッフが出席できない幹部クラスの会議にも出席するでしょうし、営業支社のマネジャーであれば本社とのやりとりも頻繁に行っているでしょう。それらを営業スタッフに公開することによって、彼らが抱いている会社との断絶感がかなりの部分解消できるでしょう。

●営業スタッフのやる気を出させる情報開示のポイント●

タイミングよく　幹部会議で聞いた、もしくは決定した翌日などに話す。別ルートから聞いた後では逆効果になるため、早めに伝えることが重要

公平に　「おまえだけには教えるが……」という手法は何度もは使えない

極力包み隠さず伝える　会社として秘密にしておく指示があったこと以外は極力オープンに伝えるべき

●営業スタッフの気合を削ぐ営業マネジャーの行動●

部下の手柄を横取りする	特定の部下を可愛がる
部下に責任転嫁をする	公私混同
自分の過去の営業成功体験を押しつける	
有言不実行	相談事を聞かない

外に出ることが多い営業スタッフは、意外と社内や本社との断絶感を抱いていることが多いものです。そのため、こうした情報開示により「自分たちは大事にされている」「信頼されている」という印象を持ってもらえるわけです。

例を挙げると、倒産寸前の工場に乗り込んだ経営者が「オープンブック・マネジメント」と呼ばれる手法を用いて、会社の決算書類をすべて工場の従業員に開示して参画意識を高めたことにより、みんなのやる気が湧き起こり、わずか二年で倒産寸前の工場が高利益体質に生まれ変わったといいます。

ただし、情報開示はすべての営業スタッフに対して公平に行なわれなければ逆効果です。

第5章

戦略営業プロセスⅠ

～需要の発見と顧客へのアプローチ～

5-1 戦略営業プロセス

営業とは「継続的に利益が出るようにモノ・サービスを売る行為」だと初めに述べましたが、**戦略営業**はそれを実践するための方向性を確定させるものです。つまり、自社が対象にすべき顧客とそうでない顧客を明確に特定して、満たすべきニーズとそうでないニーズを根拠を持って区分けし、ターゲットに定めた顧客の満足と、自社の利益を両立させることなのです。そして、この方向づけが確定すれば、「どうすればよく売れるのか」についての戦術（方法論）がハッキリと見えてくるはずです。

戦略営業プロセスは、大きく①**需要の発見**（対象とすべき顧客を特定し、優先順位をつける）、②**アプローチ**（事前準備、アポイントメントを含めた顧客との接触方法）、③**顧客の把握**（顧客が自覚しているニーズ・課題と本当のニーズ・課題を炙り出す）、④**提案の作成**（実際のソリューション＝解決策をつくっていく作業）、⑤**プレゼンテーション**（勝てるプレゼンテーションの方法）、⑥**フォローアップ**という六つのプロセスから構成されます。

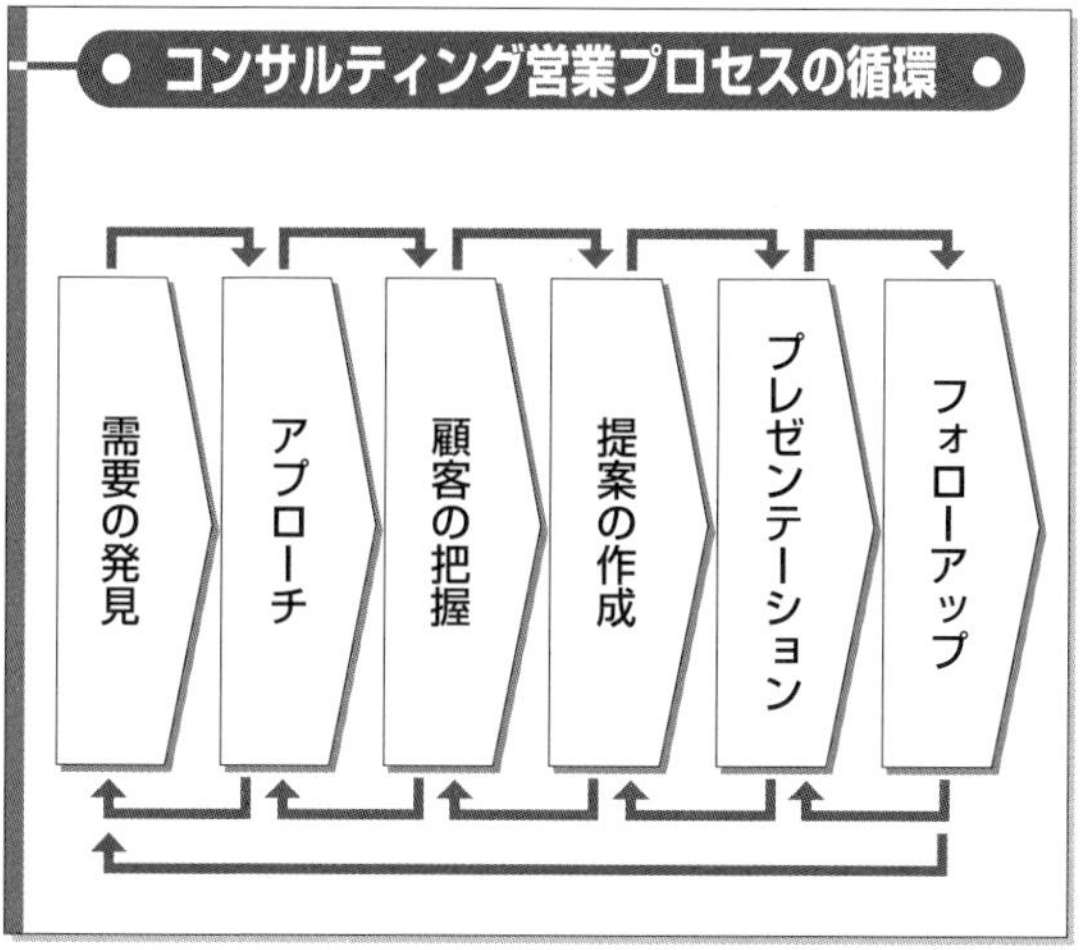

重要なのは、これらのプロセスが「循環する」ということです。需要の発見のプロセスで一度対象とすべき顧客を特定して優先順位づけをしたら、それ以降も同じリストを使い続けるのではなく、アプローチや提案をするたびにリストも見直しをかける必要があります。戦略営業の特徴は、この①〜⑥までのプロセス全体がぐるぐる循環するとともに各ステップが成長・発展していくことです。扱っている製品やサービス、置かれている環境によってはぴったりあてはまらない項目もあるかもしれませんが、戦略営業に必要な基本的要素は常に同じです。まずは全体の流れを体系的に描いたうえで、各分野を想定した営業戦略を形づくっていくことが重要なのです。

5-2 需要の発見① ～対象顧客の設定と優先順位づけ～

ニーズを持つ企業候補（ターゲットリスト）は会社から与えられる場合もありますが、戦略営業を考えたときは、やはり自分なりのターゲットリストをつくることが重要です。

新規顧客のリストのつくり方としては、業界情報誌の利用や業界展示会での名刺交換、名簿専門業者の利用などさまざまな方法がありますが、最も確実なのは紹介です。たとえば既存顧客からの紹介や、営業訪問をするごとに自社の製品・サービスのニーズがありそうな企業を必ず一社ヒアリングをすることを習慣づけるなど、具体的なアクションとして非常に有効な方法があります。

また、限られた時間内で効率および効果の高い営業活動を行うためには、対象顧客へのアプローチに費やす割合のバランスをとることが重要となります。

まず、既存顧客と新規開拓の優先順位づけには短期的視野と中期的視野が必要です。短期的に成績を上げるのであれば、既存顧客に注力したほうが成果を出しやすいケースが多

対象顧客の設定と優先順位づけ

既存顧客優先順位づけの視点

・現在の自社売上推移
・現在の自社利益推移
・自社の潜在的売上、利益伸長可能性（顧客内自社シェア）

新規顧客優先順位づけの視点

・自社の潜在的売上、利益規模（「◎、○、△、×」などの区分から始めても可）
・コンタクトのしやすさ（コネの有無など）

いものです。しかし、中期的に考えた場合は既存のメンテナンスだけでは業績の拡大は望みにくいでしょう。

また、既存顧客の中での優先順位づけについては、現在の重要度（収益貢献度）と潜在的重要度の二つのポイントからつけることができます。とくに潜在的に売上を伸ばす余地が大きいにもかかわらず、現在は売上が少ない顧客に関しては、その理由を吟味する必要があります。

なお新規リストでは、最初は潜在的重要度と接触のしやすさという二つの視点から優先順位をつけるといいでしょう。

5-3 需要の発見②　～仮説によるターゲティング～

ターゲット顧客の優先順位づけにあたって最も重要な基準は、当たり前ですが「その相手に自社の製品ニーズがあるかどうか」ということです。自社の製品・サービスへのニーズがある顧客にだけ営業できれば、本来これほど効率的なことはないでしょう。しかし、実際には「私はあなたの製品へのニーズがありますよ！」といった看板をぶら下げている奇特な顧客にお目にかかることなど滅多にありません。そのため、何か別の認知できる事柄から相手のニーズの有無を見極めなくてはなりません。

たとえば、競合の類似製品をすでに使用しているか否かが認知できるとすれば、類似製品を他社から購入している顧客にはその種のニーズがあることは明白です。ただし、この場合は他社製品を自社製品に置き換える工夫が必要になります。

では、ニーズの有無を見分けるために仮説を立てることについての具体例を挙げてみましょう。たとえば広告媒体を売っている企業が、広告ニーズのある企業をリストアップし

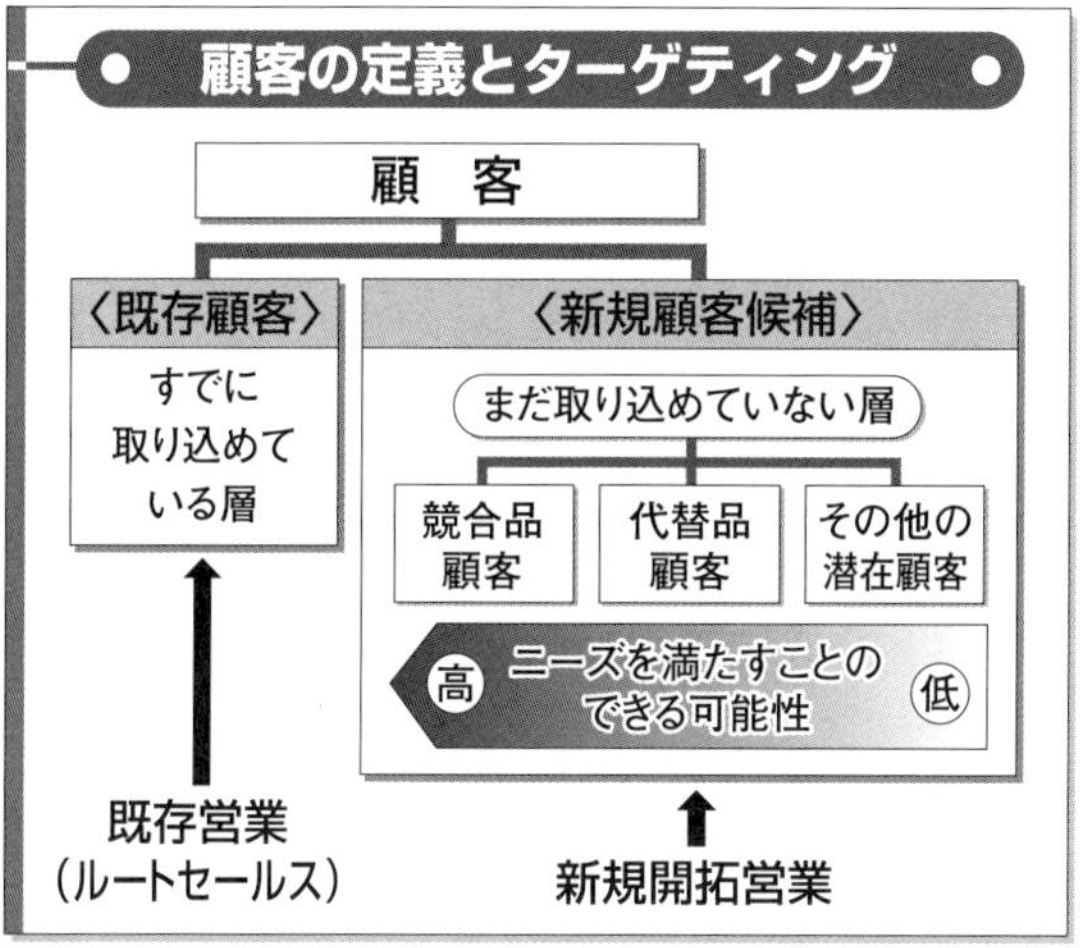

たいとします。この場合、「新製品を発表した企業にはその製品を広く伝えたいニーズがあるだろう」という仮説を立て、新聞・雑誌に新製品を発表した企業に対して集中的に営業をかけるというのも仮説によるターゲティングです。また、輸入高級化粧品の訪問販売にあたって高所得者層が多いと思われる高級住宅街を重点的に回るのも、仮説によるターゲティングといえるでしょう。さらに、最近流行のリフレクソロジー・サービスの営業担当者が、お金に余裕があってストレスがたまっていそうな女性客を探すために、開店前のクラブのホステスさんに対して飛び込み訪問をするというのも仮説によるターゲティングといえます。

5-4 需要の発見③ ～競合との比較からの優先順位づけ～

前項までは、売れる余地が大きいかどうか、ニーズがそもそもありそうか否かといった視点で顧客を優先順位づけしてきました。しかし、世の中には自社の競合製品がまったくないなどという都合のいいことはほとんどないため、優先順位づけには競争の視点も必要です。基本的な考え方としては、競争をしなくてすむのが最も望ましく、次に競争して勝てそうなところを選ぶということが大切です。

また競合比較をするためには、自社分析と競合分析をする必要があります。効率的に競合比較をするポイントは、顧客のKBF（キー・バイイング・ファクター：カギとなる購買要因）を重要なものから順に並べて、その項目ごとに比較していくことです。

たとえば、自社製品は最も強い競合A社に比べてサイズは大きいが丈夫で、価格が安いとします。このとき顧客層XのKBFが重要なものから順に①機械のサイズの小ささ、②丈夫さ、③価格だとすると、競合と比較した場合、その顧客層が一番重視しているサイ

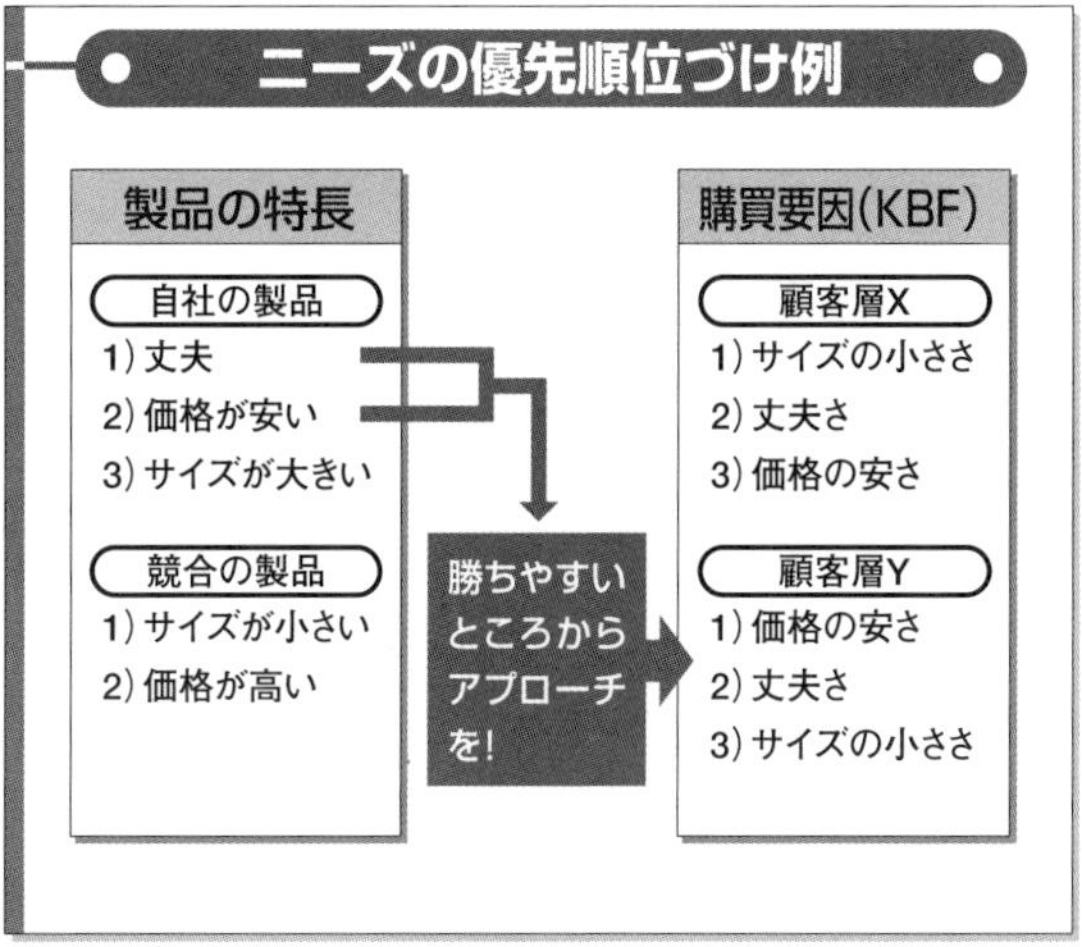

ズの小ささで負けています。一方、別の顧客層ＹのＫＢＦは上から順に①価格、②丈夫さ、③機械のサイズであり、最も重要な二項目において自社製品が勝っているとします。この場合、もし顧客層ＸとＹが魅力度的にほぼ同じであれば、「自社が勝てる可能性が高い顧客層Ｙからアプローチを始めるべき」という結論になります。

難しいのは、より魅力的な顧客層のＫＢＦでは競合が勝っていて、それほど魅力的ではない顧客層のＫＢＦでは自社が勝っているというときです。一般的には勝てるセグメントの顧客をきっちりおさえつつ、魅力的な顧客層のＫＢＦに自社の製品を合わせるような努力をするという方法になるでしょう。

5-5 アプローチ①～事前準備（新規開拓時）～

「敵を知り、己を知れば百戦危うからず」は万国に通ずる真理です。顧客は戦うべき敵ではありませんが、相手を知るという意味で、営業アプローチ前の事前準備の大切さはどれほど強調してもしすぎることがないくらいです。

しかし、いまだに中途半端な（もしくはほとんどゼロに等しい）事前準備で営業に臨む営業スタッフが多いのはなぜでしょうか？　どうやら理由は二つあるようです。一つは、事前準備とは何をすることかわからない、どうすれば事前準備ができるかがわからないということ、もう一つは、やり方はわかるが忙しくてその時間がとれないということです。

まず後者に関しては、第9章の「効率化」と「速さと早さ」の項で述べることを活かして時間を捻出すればいいでしょう。そして前者の問題に対しては、顧客との最初の接触前に次に挙げるような最低限度の基本準備をしておけばいいでしょう。

①会社の正式名称・所在地・電話・主要拠点・沿革

営業スタッフとして必要な製品知識

自社製品自体の知識	・製品のあらゆる用途 ・サイズ、色、型 ・設計や開発の動機 ・品質 ・材料（素材） ・操作 ・歴史 ・製造方法 ・納期、運搬	・効用 ・バリエーション ・値段、割引率 ・トピックス ・キャッチフレーズ ・会社の方針 ・規格 ・種類 ・構造	・付帯サービス ・最近改良した点 ・メインの売り先 ・クレーム問題 ・パブリシティ ・関連商品 ・その他の販売戦略
顧客関連	・その製品が与えるメリット ・注意すべき点 ・もっとも多い質問 ・販売条件 ・値引きの要求対応案	・その製品が与える特別の利益 ・顧客が反対する点 ・認知度 ・販売上の法律条件	
業界関連	・ライフサイクル上のポジション ・当社や他社の販売戦略 ・市場性 ・将来性	・当社や他社の販売方針 ・マーケットサイズ ・現在の売れ行きの傾向	
競合品関連	・競合会社の名前と規模 ・競合商品の機能 ・当社製品との比較（長短所） ・競合商品の販売チャンネル ・競合商品のシェア	・競合商品の品質 ・競合商品の価格 ・競合商品の販売提供法 ・競合会社の販売活動	

②事業内容・主要取扱製品
③代表取締役および主要役員名・訪問部門の部門長名
④組織図（社内の意思決定経路などを知るのに役立つ）
⑤三年分程度の売上・利益。上場している場合は株価の推移
⑥主要紙の記事検索
⑦見込み顧客企業の競合
⑧自社以外にその見込み顧客にアプローチしている企業がいるか
⑨知人が競合企業にいないか

最低限度の基本事項ならば会社案内や有価証券報告書、IRに注力している企業ならホームページのIR欄に載っています。

5-6 アプローチ② ～事前準備（己を知る）～

前項で述べたのは、「敵を知り、己を知れば百戦危うからず」の中の「敵を知る」部分です。ここでは己（自社）のニーズを知ることの重要性について述べましょう。「自社のニーズは知っていて当たり前！」と思う人もいるでしょうが、自分もしくは自社のニーズがわからないまま営業している人は意外に多いものです。

「それは持ち帰って検討させていただきます」。営業中、顧客にこのようなセリフを言ったことがある営業マンは多いのではないでしょうか？ 時と場合、使う頻度によっては、このセリフもOKです。しかし、このセリフを頻繁に口にしてしまうということは、イコール「自社のニーズをきちんと把握していない」ということなのです。事前にきちんと自社の意思決定者と自社が顧客に求めるものを明確にしておけば、交渉の現場で答えを出せることが多くなるはずです。もし強力な競合がいたり、顧客が意思決定を急いでいたりした場合は、その場で答えを出せなかったがために顧客を失うことにもなりかねません。そも

事前にチェックしておくべき自社の情報

過去3年分の「貸借対照表」「損益計算書」
「キャッシュフロー計算書」

日々のプレスリリース

主要製品と業界内での地位

自社が扱っている製品に関する情報

- 品種、価格、スペック
- 品質
- 設計や開発の動機
- 歴史
- キャッチフレーズ
- 関連商品
- メインの販売先
- 用途、効用
- 操作方法
- 材料（素材）
- 納期、運搬
- パブリシティ
- 最近改良した点
- サプライヤー
- 顧客にとっての便益、競合との比較
- バリエーション
- 付帯サービス
- 製造方法
- 割引率
- トピックス
- クレーム問題
- 会社の方針
- その他の販売戦略

そも、自分では何も決められない人間を顧客が信頼するとは考えにくいものでしょう。相手は口にこそしないものの、心の中では「伝書鳩営業」などと呼んでいるかもしれません。

また、自社のニーズはおろか、自分の直接の担当以外の自社製品やサービスについてはうろ覚えという人もいます。そのような営業スタッフがいくら接待で抜群の活躍を見せていたとしても、このような接待営業だけではそう長くは続きません。最終的に自分の顧客を逃してしまうことになります。自社の製品・サービスを完璧に知ることと自社のニーズを完全に把握することは、戦略営業をするうえでの大前提なのです。

5-7 アプローチ③ ～事前準備（既存顧客）～

既存顧客も訪問時には事前準備が必要です。時折、新規開拓時にはちゃんと戦略営業思考でアプローチをしていたのに、いったん顧客になってもらってアフターフォローを行うメンテナンスフェーズに入った途端、すっかり戦略営業を忘れてしまっているというケースがあります。実は、既存顧客に対してこそ継続的に満足を提供してロイヤルユーザー化する努力をしなくてはならないのです。

既存客の場合は社内に情報が蓄積されているため、事前準備としては社内情報の確認が必要です。これまでの訪問メモや日報を見直し、前回はどんな話をしていたか、与えられた宿題に抜けや漏れはないかなどを確認しましょう。また、その顧客との最近の取引動向も時系列を追って確認しておく必要があります。送付した提案書や手紙など含め、これまでこちらから発信してきた資料や顧客から送付された資料があればすべてファイリングをし、さらにその顧客ファイルの中身を時系列で整理しておくことが重要です。

既存顧客訪問時に事前確認しておくこと

- 過去の訪問メモ・日報
- 顧客に発信した資料
- 顧客からもらった資料
- 最近の顧客との取引動向・パフォーマンス
  例）広告代理店であれば、最近の認知度推移など
- 新聞・雑誌などに掲載された顧客および競合の周辺情報

顧客関連でオープンに発信されている情報についても、初回アプローチ同様に収集し、最新のものにアップデートしておくことが必須です。本来は、訪問を思い立ったときだけでなく、既存顧客関連の情報などには常に注意を払い、継続して情報をブラッシュアップして蓄積しておくべきです。それが次のサービス提供につながる第一歩となるのです。新聞記事やインターネットなどでコンスタントに顧客情報を収集しておくことによって、既存顧客への次の商談のヒントやきっかけがタイムリーに得られることは少なくありません。たとえば新製品発売の予告が記事検索で抽出できれば、いち早くその支援提案をし、次の商談に結びつけられるかもしれないのです。

5-8 アプローチ④ ～新規顧客への第一印象～

顧客満足と自社の利益を両立させるためにあらゆる手段を尽くすのが戦略営業です。よって、いかに第一印象をよくするかということも戦略営業の要素となります。ただ、第一印象は出会ってから三～六秒で決まるといわれるため、事前の準備が必要となります。

まずは、相手にどのような印象を持って欲しいかという目標を定めましょう。信頼感、やる気、適度な明るさなどが一般的ですが、扱う製品・サービスによってはダイナミックさや革新的といった印象を与えることがよい場合や、逆に落ち着いた印象が好ましい場合もあります。

次に、自分の第一印象はどう受け取られる傾向があるのか、そしてその印象がどこからくるのかも知っておく必要があります。自分が人に与えていると思っている印象と、実際に相手が受ける印象にギャップがある場合は少なくありません。また、相手の立場や自分と相手との関係によっても印象は異なるため、できれば三人以上の立場の違う人に自分の

第一印象を形成する要素

表　情	目配り、笑顔
身なり	髪型、スーツ、シャツ、ネクタイ、靴などの清潔さ
声	トーン、スピード
動　作	丁寧さ、スピード（ドアの開け方、いすへの座り方など）

印象を聞いてみましょう。上司や同僚、親しくなった顧客に尋ねるのも手ですし、家族からの忌憚のない意見を参考にするのもいいでしょう。要は、自分の印象のよい部分・悪い部分を理解したうえで、出会いの作戦を立てることが重要なのです。さらに、初対面の顧客との最初の一分間をシミュレーションして練習するのも、第一印象をそれなりにコントロールできるようになるためには有効でしょう。

なお、初回訪問前に電話でアポイントメントを取っていたり、資料を送っているような場合は、その様子や文面などからある程度印象が決まってしまっているようなこともあります。また逆に、こうした要素も第一印象を形成することを忘れてはなりません。

5-9 アプローチ⑤ ～電話・eメール・手紙〈その1〉～

初回訪問前のアポ取りの段階で、第一印象の一部が形づくられてしまうことは多いものです。その意味でも、アプローチの際によく用いられる電話やeメール、手紙は使い方次第で毒にも薬にもなります。たとえば、電話は話したいときに話ができる即時性と、相手の反応に応じてこちらも対応を変えることができるという双方向性が大きなメリットです。しかし、相手にとっては都合に関係なく電話がかかってくるというデメリットがあり、タイミング次第では悪印象を持たれる危険性もあります。そのため、かける前に要点を確認すること、相手が忙しいと思われる時間は避けること、相手が出たら「いま、お時間よろしいでしょうか」といった確認などは徹底する必要があります。新入社員研修で教わるような基礎的なことですが、いまだに電話で失敗している営業スタッフが多いのも事実です。

戦略営業での電話アプローチのポイントは、①ストーリーづくり、②どこで説明をやめるかをあらかじめ決めておく、③相手から話を引き出す、の三点です。とくに不特定多数

電話アプローチのポイント

ストーリーづくり
どこで説明を止めるかをあらかじめ決めておく
相手の話を引き出す
＋
何人から断られてもめげない

に新規で電話をする場合は、先方からどんな話が出てくるかわかりません。慌てたり焦ったりして話のポイントを外してしまわないように、伝えるべきストーリーを書いておくことが大切です。また、想定されるQ＆A集をつくっておき、新しい質問を受けるたびにバージョンアップしておくことも重要です。

ただし、電話ですべてを説明し終えないようにしましょう。電話だけでわかったような気になって面談に進む前に結論を下されてしまう可能性があるからです（この場合、「購入する」という結論になることはまずない）。逆に、事前電話時に相手の課題を二〜三聞き出し、その答えを簡単に準備して初回訪問時に持って行くのは非常に効果的です。

5-10 アプローチ⑥〜電話・eメール・手紙〈その2〉〜

eメールの利点は、自分も相手も都合のいいときに送信をしたり、読んだりできることです。また、添付ファイルを送ることによって、より詳しい内容説明をすることもできます。さらに効率のよさも魅力です。電話なら人数分だけ時間をかけなくてはなりませんが、eメールなら一斉同報で送付できるからです。

問題は、メールアドレスがわからないと送付できないという点です。電話であれば、まず会社などの代表電話にかけ、そこから順を追ってライトパーソンにたどり着くことができますが、メールではそれができません。そのためイベントでの名刺交換、メーリングリストやメルマガの発行などによって、常日頃メールアドレスのデータを増やしておくことが必要になってきます。

顧客へのアプローチのためにメールを出す際に心がけることは、何といっても読みやすさです。題名である「サブジェクト」で要件を正確かつ的確に伝える、さらに文章を簡潔

アプローチ手段の使い分け

手書きの手紙

拝啓　向夏の候、いよいよご清祥のこととお慶び申し上げます。
　過日○月○日に開催いたしました当社の新作展示会には、ご多忙中のところご来場くださり誠にありがとうございました。

（中略）

　まずは略儀ながら書中にてお礼のごあいさつを申し上げます。
敬具

平成○○年○月○日
GTF産業株式会社
第一営業部　通勤大

にまとめ上げるスキルは、eメールの時代であれば当然求められてきます。ただし、初回のみは通常の手紙に近いフォーマットで時候のあいさつなど書いたほうが無難でしょう。

　一方、eメール時代だからこそ、「手紙」の価値・効果を見直す必要があります。とくに一部分でも手書きの手紙は効果的です。eメールやパソコンで作成した文書が頻繁に活用される中にあって、手書きの文字はインパクトがあり、相手の感性を感じ取ることもできるツールだからです。字が下手だからと敬遠する人も多いでしょうが、たとえ下手でも丁寧であればよいのです。顧客とのコンタクトに手書きの手紙も交え、ロジックに個性を加えることは戦略営業の幅を広げます。

5-11 アプローチ⑦ ～人脈～

「営業は人脈勝負」といわれるように、新規開拓で最も効果があるのは人からの紹介です。ただし、人脈は計画的に構築・維持・拡大していかなくては使いものになりません。

頭に叩き込んでおいていただきたいのは、**「営業における最大の人脈資産は〝自分の顧客〟」**だということです。顧客からの紹介の威力は絶大です。自分の顧客からの信頼を勝ち取ることによって、会社ではなく個人として紹介してもらえるレベルに到達すれば、それが最大の人脈となるのです。

アプローチ手段として人脈を使ったときに忘れてはならないのは、紹介者への報告です。これは顧客の信頼を勝ち取るプロセスの一つでもあります。紹介した側にとってみれば、依頼されて紹介したはいいが、連絡を取ったのかどうか、結果として成約できたのかどうかの報告もなしということでは、二度と紹介する気にはならないでしょう。人や会社を紹介するということは、紹介側の信用を預けることになります。そこでその信用を踏みにじ

紹介をしてもらえない営業スタッフの特徴

1	仕事がルーズでいい加減
2	約束を守らない
3	報告がない
4	感謝の気持ちが感じられない
5	マナーがよくない
6	印象がよくない

出所）二見道夫著『スーパーセールスマン講座』実務教育出版

るような対応をしたり、紹介後音信不通になったりするようなことでは、マナー失格です。必ずステップごとに紹介者には報告し、結果が出た場合は、それがうまくいこうがいかまいが、お礼に行くことによって人脈は維持・強化されていきます。

人脈を資産化するためには、自分の人脈の棚卸をしてみるのもよいでしょう。まず社内の人的コネクションから挙げ始め、同期入社が○○名、直属の上司やさらにその上の上司、他部署にいるがオフの時間に気の合う人材は○○名……と書き連ね、続いて社外の人材を挙げていきます。次に、そのリストアップした人脈と自分との距離が近いか遠いかを考えるのです。

COLUMN

自己インセンティブマネジメント③
～行動が気持ちをつくる～

気の持ちようは外見や行動に表れますが、逆に行動が気持ちに影響を及ぼすこともあります。たとえば、気合が入っているときは姿勢もよく、表情もはつらつとして、元気な声であいさつもできているでしょう。ところが気合が入らないときには、それができなくなってしまいます。まず姿勢にその気持ちが表れ、そしていつもは元気に声をかける相手にもボソボソとあいさつをしたり、場合によっては黙って通りすぎてしまうかもしれません。これは、気の持ちようが行動に表れた例です。

このようなときは、気合が入っているときの行動をとることによって、気持ちも上向いてくることがあります。「カラ元気」も、続ければ「本物の元気」になることがあるのです。つまり、行動によって気持ちに影響を与えるのです。

前の日、どうにも気の滅入ることがあった、もしくはなぜかどうも気持ちがパッとしないというような朝は、一番お気に入りのネクタイか新品のネクタイをしめて、まずは格好をピリッとさせましょう（そんな日のために、新品のネクタイを何本か用意してあるという人は実際にいます）。女性なら、とっておきのスーツを着るのもいいでしょう。そして、あえていつもよ

り声のトーンを高くして朝のあいさつをしてみてください。そうやって気合の入っている状態の行動を取っているうちに、次第に気持ちのトーンも高まってくることでしょう。

一日の仕事の途中で気持ちがくじけるようなことがあったときも、その気持ちを引きずったまま次の営業先に行ったのではうまくいくものもうまくいかなくなります。そんなとき、移動中に「やるぞ！」とつぶやいてガッツポーズをとって自分に気合を入れるのは、多くの営業マンが実践していることのようです。ということは、この行動の効果はバカにしたものではないということです。そして顧客のところに到着したならば、カラ元気でもいいので明るくあいさつをしてみましょう。

第6章

戦略営業プロセスⅡ
～顧客の把握～

6-1 顧客の把握

顧客の把握段階では、顧客の「ニーズと課題」を的確かつ具体的に把握しなくてはなりません。つまり顧客の現状認識やあるべき姿の確認を通して、そのニーズと課題を具体的に把握するようにしなくてはならないのです。

ここで気をつけなくてはならないのは、顧客が最初に挙げたニーズや課題は、実は営業の仕事として取り組むべき真のニーズ・課題ではない場合が往々にしてあるということです。理由の一つとして考えられるのは、初対面の営業スタッフに対して本音はいいにくいということが挙げられるでしょう。慎重な顧客は、初対面の営業スタッフには小手調べ（テスト）的にニーズ・課題を伝えたりすることがあるのです。もちろん顧客の信頼を早期に勝ち取るのはすべての営業の基本であり、そのためには最初に提示された課題・ニーズをこつこつとクリアしていくことによって、実直に信頼を勝ち得ていく必要があります。さらに事前の下調べがよくできていること、小さな約束をきちんと守り続けていくこと、基

顧客の課題認識例

仮説のキャッチボールで顧客の課題認識を確認していく

営業「前回の新製品が失敗したので、ブランドプロモーションの見直しが課題だというお考えなんですね？」
顧客「そうなんです。10億円もかけて宣伝したんですが売れ行きが悪くて……」
営業「ちなみに、店頭では初回購入が低かったのですか？それともリピートが少なかったのですか？」
顧客「初動は悪くなかったのですが、先細りで……」
営業「とすると、初回購入はプロモーションの問題ですが、リピートは商品力の問題ですから、実は商品がニーズに合っていなかったという可能性もありますね」
顧客「そういえば、その可能性もありますね」
営業「プロモーションと商品力のどちらが問題だったのかの確認が最初の課題ではないでしょうか？」

本的なマナーができていることなどからも顧客の信頼は形成されていきます。

問題なのは、顧客自身が自分のニーズや課題を明確に認識していないためにうまく表現できていないという場合です。実は、こういうケースが意外に多いのです。その場合は、仮説を立てて顧客に質問を投げかけることにより、顧客の考えを確認していく必要があります。具体的には、図の例のように顧客と仮説をキャッチボールすることによって、真の顧客の課題とニーズを確認していきます。もちろん先方がどんどん話をしてくれるのであれば素直に聞きましょう。相手が話したいことを話し終えるまではさえぎるようなことはせず、情報収集に徹すべきです。

6-2 何を把握すべきか

「顧客の課題とニーズ」と一口にいっても、具体的にどんなことを確認すればよいのでしょうか?

戦略営業を実行するにあたって確認しておくべきことは、顧客自身の①現状認識、②課題・ニーズの定義、③その課題を課題と認識している理由、④ニーズの定量化、⑤最終的に求める結果(あるべき姿)、⑥期限、⑦想定しているコスト、⑧何を、どのくらいの水準まで求めているのか、⑨他社はアプローチしてきているのか(自分にとっての競合状況)の九項目です。

ところで顧客の期待値を確認することが難しい例として、ブランドのコンサルティングサービス(相手のブランド価値を高めるアドバイスサービス)を営業しているケースを考えてみましょう。この際、相手は「ウチのニーズは〝高品質〟というブランドイメージを強化すること」という程度の漠然とした認識だとします。

ニーズの確認項目

1. 現状認識
2. 課題・ニーズの定義
3. その課題を課題と認識している理由
4. ニーズの定量化
5. 最終的に求める結果
6. 期限
7. 想定しているコスト
8. 何を、どのくらいの水準まで求めているか
9. 他社のアプローチ状況（競合状況）

このようなときは、たとえばⒶなぜ企業ブランドを強化したいと思っているのか、Ⓑ現状の企業ブランドはどんな状態か、どのようなイメージで、どのくらい認知されているのか、Ⓒ「企業ブランドを強化する」とは具体的にどのようなことを意味するか、Ⓓ企業ブランドの強化を何で測定したいのか、Ⓔ企業ブランドのどこをどの程度まで強化したいのか、Ⓕその結果、何を得たいのか、Ⓖいつまでにそのアクションを完了したいのか、Ⓗそのためのコストはいくらぐらいを想定しているか、といった聞き方で確認するとよいでしょう。

なお、これらの事項は必ずしも順を追って確認できるわけではなく、通常は行ったり来たりしながら確認していくことになります。

6-3 現状認識

顧客（とくに法人顧客）の現状認識を確認するためには、次の四点について尋ねることが重要となります。

①顧客のターゲット市場の定義（たとえば、いま営業している先が半導体製造装置メーカーならば、半導体ユーザーがターゲット市場になる）

②顧客が自分のターゲット市場の変化をどう捉えているか

③競合状況をどう捉えているか

④顧客自身の強みと弱みをどう捉えているか

つまり、顧客企業の視点から**3C分析**（自社＝Company、競合＝Competitor、顧客＝Customerの三つの要素を分析すること）と**SWOT分析**（外部環境分析と自社の強み・弱み分析を統合すること）をするということですが、まずは純粋に顧客企業の視点からの話を聞くことに集中しましょう。その後に客観的な3C分析とSWOT分析をしてみて、顧

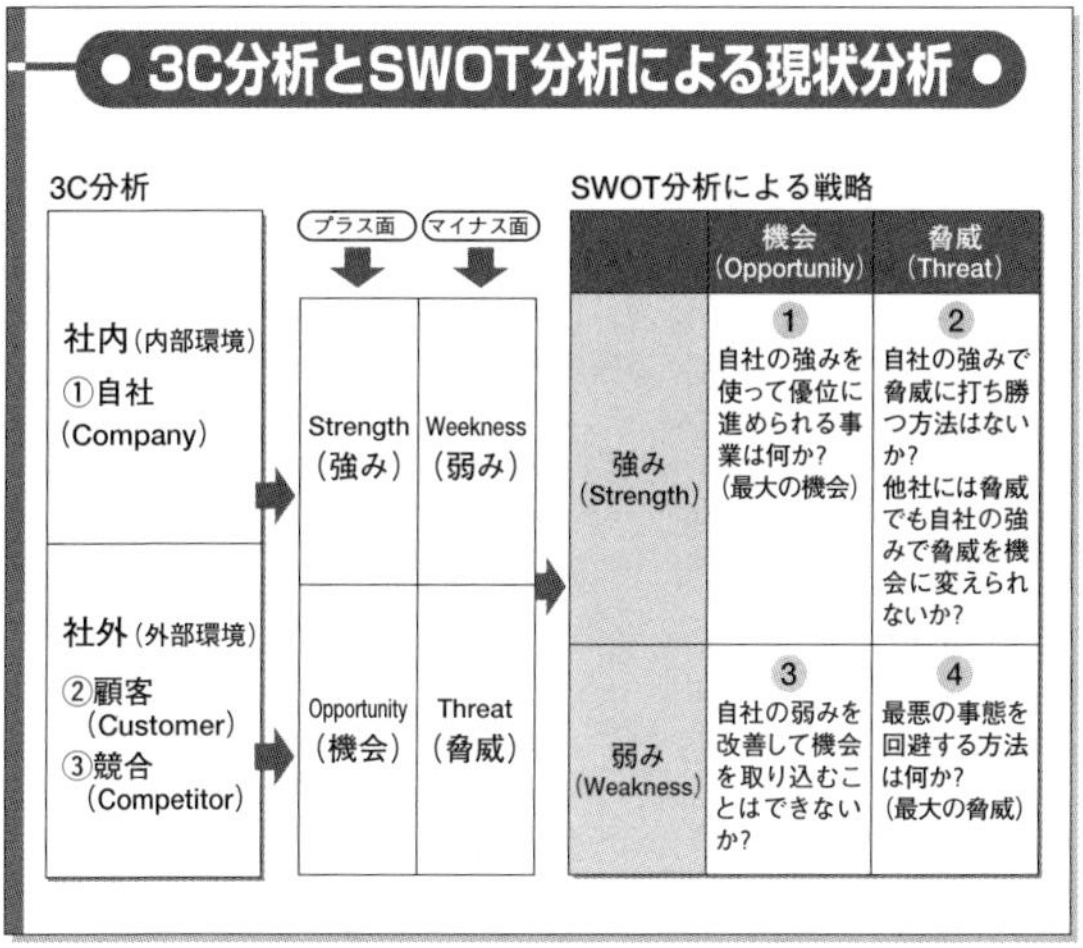
● 3C分析とSWOT分析による現状分析 ●
3C分析
社内（内部環境）
①自社
（Company）
社外（外部環境）
②顧客
（Customer）
③競合
（Competitor）
プラス面
マイナス面
Strength
（強み）
Weekness
（弱み）
Opportunity
（機会）
Threat
（脅威）
SWOT分析による戦略
機会
（Opportunily）
脅威
（Threat）
強み
（Strength）
弱み
（Weakness）
1
自社の強みを使って優位に進められる事業は何か？（最大の機会）
2
自社の強みで脅威に打ち勝つ方法はないか？他社には脅威でも自社の強みで脅威を機会に変えられないか？
3
自社の弱みを改善して機会を取り込むことはできないか？
4
最悪の事態を回避する方法は何か？（最大の脅威）

客の視点と何かギャップがないかを見ます。

たとえば――顧客は「高品質ブランドを強化したい」といってきていたものの、客観的に見てみると、顧客のターゲット市場は品質のばらつきが大きかった以前は高品質感を重要視していたが、製品がどれも高品質になってきたため、高品質感を強化してもあまり意味がなくなってきているというのが実態だった。必要なのはお買い得感のあるブランドへのポジショニングチェンジだった――というようなケースもあり得るのです。

つまり、顧客からの情報による3CおよびSWOTと、自分で客観的につくったものの二セットを用意するのが戦略営業のポイントだということです。

6-4 SWOT分析

通常は、経営やマーケティング環境を分析する技法であるSWOT分析ですが、顧客環境分析にも有効です。

SWOT分析とは、縦軸に「外部環境」と「内部環境（経営資源）」をとり、横軸に「好影響」と「悪影響」をとってマトリックスをつくることによって、自社の経営環境を客観的に分析するものです。

まずは、次の四つを整理したうえでマトリックスを描きます。

○**強み（Strength）**…内部環境（自社経営資源）の強み
○**弱み（Weakness）**…内部環境の弱み
○**機会（Opportunity）**…外部環境（競合、顧客、マクロ環境など）からの機会（チャンス）
○**脅威（Threat）**…外部環境からの脅威

次に、以下のような「攻め」と「守り」の戦略を具体化していきます。

SWOT分析

	好影響	悪影響
外部環境	機会（O）	脅威（T）
内部環境	強み（S）	弱み（W）

	機会（Opportunity）	脅威（Threat）
強み (Strength)	自社の強みで取り込むことができる事業機会は何か？	自社の強みで脅威を回避できないか？他社には脅威でも自社の強みで事業機会に変えることはできないか？
弱み (Weakness)	自社の弱みで事業機会を取りこぼさないためには何が必要か？	脅威と弱みが合わさって最悪の事態を招かないためにはどうすればいいか？

①自社の強みを使って取り込むことのできる事業機会は何か？
②自社の強みで脅威に打ち勝つ（回避する）方法はないか？　他社には脅威でも、自社の強みでその脅威を事業機会に変えることはできないか？
③自社の弱みによって事業機会を取りこぼさないためには何が必要か？
④脅威と弱みが合わさって最悪の事態を招くようなことにならないためにはどうすればいいか？（最悪の事態を回避する方法は何か？）

このように、攻めの観点と守りの観点から環境を総合的に分析し、外部環境と内部環境との統合を図って顧客の状況を見極めます。

6-5 定量化

現状把握やニーズの把握は定性的なものだけでなく、極力定量的にもおさえておく必要があります。つまり、現状把握に関しては「起点となる数字は把握しておくべきである」ということです。企業ブランドを強化したいという顧客であれば、そもそも現在の企業ブランドの認知率（会社名を知っている率）がどのくらいあるのか、また会社名を知っている人の中で、「高品質企業である」と認識してくれている人が何割ぐらいいるのかは把握しておく必要があります。当然、その数字がない場合は、その数字をつくる必要があります。

ニーズも方向性だけでなく、数値化しておさえておきたいものです。顧客が明確なスペックシート（ニーズや要望を細かく具体的に書き記したもの）を作成して営業スタッフに提示してきた場合は、それをたたき台に議論をすればいいのですが、そうしたスペックシートをつくってくれる顧客はそう多くはありません。ニーズをどのくらい満たして欲しいのかということを定量的に認識している顧客はあまりいないのが実情なのです。

定量化のポイント

製品であれば、スペックの数字を聞くのは当然

<その数字が出てきた根拠を聞くべし！>

最終ユーザーからのリクエストなのか？

→その最終ユーザーがその数字を出してきた理由まで聞く

→その数字を最終ユーザーは本当に重要だと思っているのか？

サービスでも極力数字に置きかえる

<数字がないなら、根拠をつけてつくるべし！>

・幅を示してもよい（例：50〜100）

・サンプルの数字でもよい

ニーズを定量化するには**①相手の戦略を聞く、②理想像・目標を聞く、③こちらで仮説を立てる**、の三つが必要です。前項の例として挙げた高品質ブランド強化を狙う顧客に対しては、「新規開拓と既存顧客維持のどちらを狙う戦略なのか」「その狙う相手に対してどのくらいの認知度を目標にするのか」といった事項を聞いていくことが必要となります。

戦略が明確になると、「御社の戦略が既存顧客維持中心であれば、認知度を上げるのではなく、すでに社名を認知している人の中で高品質イメージを持ってくれる人の割合を現在の倍にするのが目標になりませんか？」というような形で具体的に定量化がしやすくなります。

6-6 スケジュールと価格

ニーズの把握の次は、どのくらいのスケジュールでどのくらいの価格を希望しているかを把握しておく必要があります。もちろん、納期や価格は後日見積書で正式に提出することになりますが、顧客がどの程度のことを期待しているかを把握し、その期待値をコントロールしておくことが重要となるのです。

まず、期日とその理由は単刀直入に確認できます。たとえば、「これはいつぐらいまでに完成希望ですか?」「三月とおっしゃられたのは、何か後ろに控えておられるのですか?」といった聞き方ができるでしょう。

「どうしても」という期日がないときは、逆に顧客からだいたいどのくらいかかりそうかと聞かれることが多いでしょう。その場合、余裕を持たせたスケジュールで答えておくことが、リスクマネジメントの視点として必要だといわれています。スケジュールは大抵、当初の予測よりも伸びるものです。

価格・スケジュールのヒアリングポイント

① 相手（顧客）の希望や想定を聞く

② その数字（価格）・スケジュールになる理由を尋ねる

＜数字＞

・過去の類推からか？
・顧客の先の顧客の要望からか？
・競合の提供価格を基準にしているのか？

＜スケジュール＞

・過去の類推からか？
・後に何か控えているからか？

また、定価のない製品やサービスの価格交渉は難しいものです。そのため、初期にはこちらから価格の目安はあまりいわないようにして、相手（顧客）からどのくらいの価格を希望するのかを聞き出すように努めるべきです。もし相手が予算を明示してくれない場合は、素直に「ご予算はいかほどを考えておられますか？」と聞きます。その際には、顧客企業の決済権金額とそのプロセスをヒアリングしておくとよいでしょう。それによって、どのくらいの金額設定ならどのレベルの人までを巻き込む必要があるのか、逆に、どの価格以下ならそのレベルまで決済を上げずに済むかということがわかり、正確な価格戦略を立てることができます。

6-7 社内ダイナミクスをバリューチェーンでつかむ

経営学でよく使われる**バリューチェーン（価値連鎖）**という考えは、社内の意思徹底ダイナミクスと、顧客ニーズを深く理解するために非常に便利なものです。バリューチェーンとは、社内において製品またはサービスが顧客に届くまでの付加価値の連鎖のことです。そして、価値をつくる活動には主活動と支援活動があり、典型例は図で示したとおりです。

まず、顧客のニーズの理解を深めるためのバリューチェーンの使い方についてですが、営業スタッフが話を聞いている顧客は大抵このバリューチェーンの一部です。その人の背後には複雑な組織内のさまざまな役割を持った人のニーズ・思いがあり、部外者がその複雑なニーズをのぞこうとしたところで情報の渦に飲み込まれてしまいがちです。そのような状況になったときに会社内の付加価値連鎖のプロセスであるバリューチェーンを使うことにより、ニーズの整理がしやすくなります。

窓口の担当者に話を聞くときにも、その社内のバリューチェーンを頭に描き、どの社内

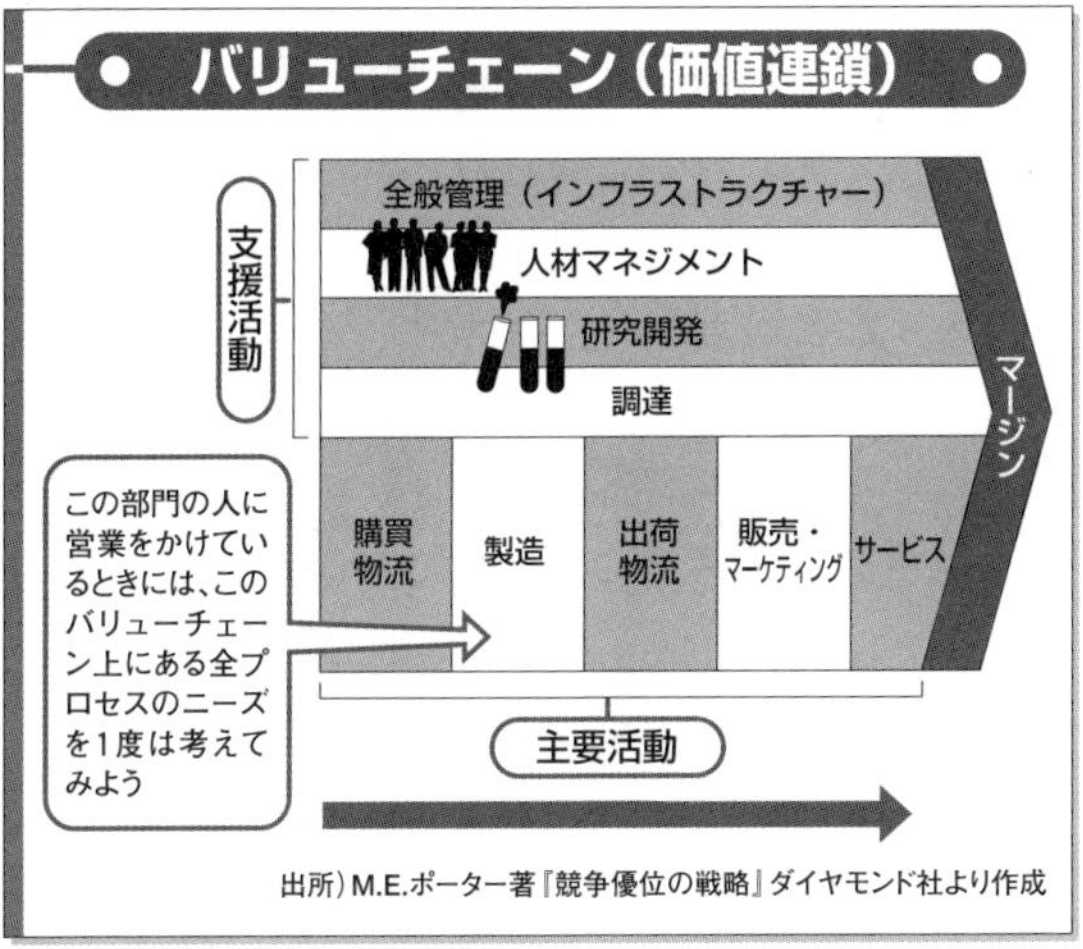

出所）M.E.ポーター著『競争優位の戦略』ダイヤモンド社より作成

プロセスのどんな課題からこのニーズがきているのかを思いめぐらすことが大切です。そして、必要であればそのニーズの源に聞きに行くことによって、あなたの理解を構造的に整理された形で深めることができます。

たとえば、あなたが購買担当者と商談をしているその製品・サービスのニーズは社内のR＆D（研究開発部門）からきているのかもしれず、購買担当者レベルでは差がないように思えるものであっても、R＆D部門の人に話をすれば差別化を図ることができるかもしれません。ニーズを捉えるという目的からすると、組織図よりも付加価値の連鎖であるバリューチェーンで考えたほうが、ニーズの連鎖もわかりやすいはずです。

6-8 バリューチェーン

バリューチェーン（価値連鎖）とは、前述のように製品が最終消費者に届くまでの「付加価値の連鎖」のことをいいます。このフレームワークを使うことによって、購買からサービスまでの一連の行動において他社との優劣の出ている箇所と、その原因解明ができるようになります。

バリューチェーン（価値連鎖）モデルは、競争優位を生み出す源泉がどういう構造になっているのかを示すことができるように、活動を九つの価値創造活動に分割して表したものです。この九つの価値創造活動は、五つの主要活動（購買物流、製造、出荷物流、販売とマーケティング、サービス）と、四つの支援活動（調達、技術開発、人事・労務管理＝人材マネジメント、全般管理＝インフラストラクチャー）に分けられます。

企業はそれぞれの価値創造活動についてコストとその成果を精査し、競合企業との比較において改善点を探索しなければなりません。そして常にイノベーションに取り組み、少

バリューチェーン（価値連鎖）

バリューチェーン＝製品が最終消費者に届くまでの付加価値の連鎖

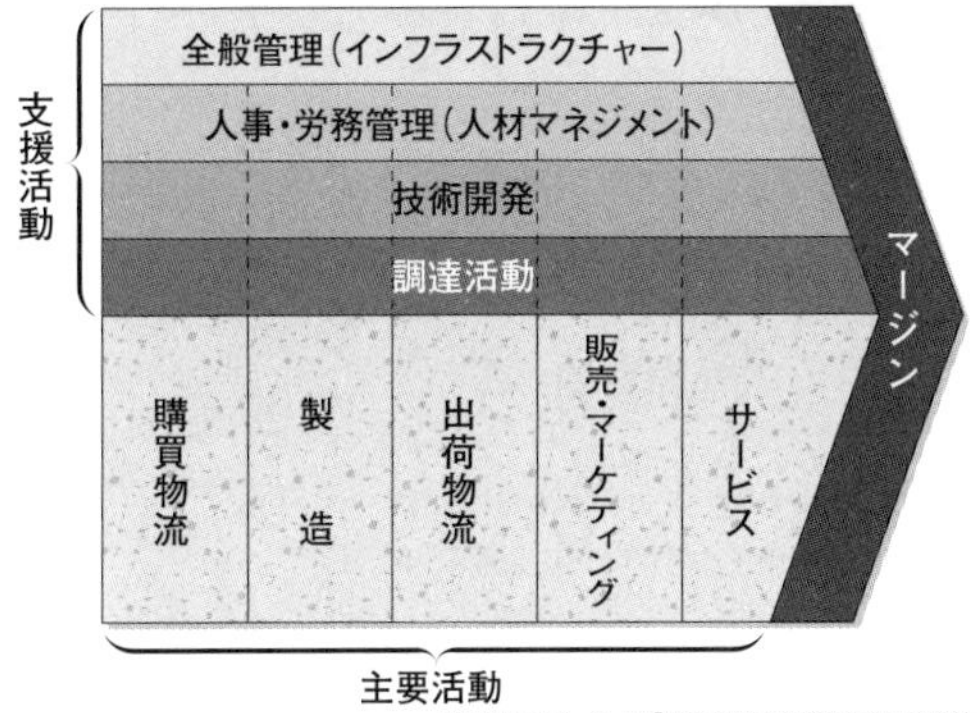

出所）M.E.ポーター著『競争優位の戦略』ダイヤモンド社

しでも他社との競争優位性を保つことができるよう、差別性を創り出していく必要があるのです。

社内意思決定者を探すときも、組織図だけで見ていると、思わぬところからの横やりに足をすくわれることがあります。しかしバリューチェーンで見ていけば、組織図以外での利害関係者が見えてきます。つまり、その企業のニーズが製造部門からきているのか、それとも販売・マーケティング部門からきているのか、はたまた顧客満足ナンバーワンを誇るアフターサービス部門からきているのかを確認することによって、組織の階層や部門の役割を超えた対応を検討することができるのです。

6-9 アクティブリスニング

前項までで、顧客の把握において何を知らなくてはならないのかは理解できたことでしょう。では、実際にどのように聞き出せばいいのでしょうか？

数多あるビジネススキルの中で、人の話を聞く能力ほど重要なものはありません。このことはアメリカのトップコンサルタントの一人であるトム・ピーターズも認めています。それにもかかわらず、学校でもＭＢＡでも、まして会社でもそのコツを教えてくれることは滅多にありません。

本当の「聞き上手」になるための訓練は十分投資価値のあることです。以下、いくつかのポイントを挙げておきましょう。
①**無理なスケジュールを立てない**…きちきちのスケジュールを立て、慌てて次の顧客のところに駆け込んでいるようでは、集中して話もできない。
②**ちょっとした世間話の引き出しは多めに**…相手のタイプにもよるが、世間話で相手との

アクティブリスニング

アクティブリスニング

- 相手の話を聞き出すのが目的
  (相手の話：自分の話＝7：3)
- 重要なポイントは別の視点でくり返し確認

↓

メ　モ

- 人は忘れるもの。必ずメモにまとめる
- 顧客がいった事実と自分の意見とを混同させないように（顧客のいったことでも、確度の高そうなものと、そうでないものは分ける）

距離を縮めることによってうまく話を引き出せることも多い。

③具体例を聞く…例「いま、いわれた課題の具体例はありますか？」

④相手の話を図に書き出してみる…具体的に聞いて行くうえでの思い違いをなくすために、相手の話を図に書き出して確認する。

⑤やりっ放しにしない…商談直後に自分の考えを五～六点にまとめる。時間がたてばたつほど、記憶はどんどんぼやけてしまうものである。

⑥場数を踏み、うまい人のやり方を真似る…社内のトップセールスマンに同席して、どんな話の持っていき方や聞き方をしているかを横で聞き、真似てみる。

第7章

戦略営業プロセスⅢ
～提 案～

7-1 ゲームプランとワークプランをつくる

戦略営業においては、二つのプランが必要です。一つはゲームプラン、もう一つはワークプランです。ゲームプランとはどんなステップで成約に持ち込むかという作戦であり、ワークプランはそのゲームプランの実現に必要な自分の作業計画です。そのため、この二つはかなりの部分で重複します。

すべてが当初に立てたゲームプランどおりに進むことは滅多にありませんが、ゲームプランがないと、うまく進んでいるのか否かの目安もつけにくくなります。ゲームプランを立てるには、まずは「この顧客をいつまでに、何回の訪問で成約まで持ち込みたいか」というゴールを決めます。ある程度のゲームプランは訪問前に考えておき、初回ヒアリングを終えた時点で次回以降の訪問ごとに顧客にどんな話をし、どんな状態に持って行きたいかを考えましょう。たとえば、三週間後の訪問で中間報告をして課題のすり合わせをする、その二週間後の訪問で提案の骨子を確認し、その三週間後には最終提案でクローズまで持

課題解決策作成プロセス

1. ゲームプランを立てる
2. 課題の整理
3. 解決策考案に必要な情報を収集
4. 解決策のアイデアを創出（幅出し）
5. 顧客の課題に対する解決策の組み合わせを検討
6. 解決策を評価（ニーズを満たすか、自社の経済性に合うか）
7. 解決策を評価（電子顕微鏡無用テスト※122～123ページ参照）
8. 提案書として作成

ち込む……というような形を考えるのです。

ワークプランをつくるときには、まず自分で立てたゲームプランを実現するために必要な作業をすべてリストアップします。次にその作業を自分がするのか、それとも誰かに依頼するのか、依頼するなら誰に頼むのかを特定します。そして、その各項目を優先順に並べます（たとえば、分析作業はデータ収集の後にくるなど）。最後に、各作業がどのくらいの工数・期間がかかりそうかを予測します。この時点で、当初のスケジュールには間に合わないことがわかれば、調整を始めます。とくに他人に頼まなくてはならない作業については、早目に手を打つ必要があります。そのためにもワークプランは欠かせません。

7-2 課題の整理・原因究明

提案作成の第一歩は顧客の課題の整理です。顧客から聞いてきた課題を表面的にそのまま信じてはいけません。その因果関係まで考えて、課題の構造を整理・検証しなくてはならないのです。もちろん最初に聞いてきた課題が検証してみた結果、本質的な課題であったというケースもありますが、それでも一度は課題の構造を整理する必要があります。

たとえば、「ブランドの強化が課題」といってきた消費財メーカーがあるとしましょう。このメーカーは「最近、自社の売れ行きが落ちているのはブランド力が弱くなってきたせいだ」と考えていたのです。ちょっと聞くとふむふむと納得してしまいそうですが、本当にその会社の売上はブランドの力だけで決まるのでしょうか?

消費財の売上に影響を与える要素を分解してみると、①どの小売りチャネルに採用されるか、②そのチャネルの持つどの店舗に入るか、③その店舗の中でどのくらいの棚シェアをとるか、④棚のどの位置に置かれるか、⑤どのくらい製品が試し買いされるか、⑥どの

顧客の課題整理

顧客の課題認識が下の２パターンに
陥っていないかを確認する

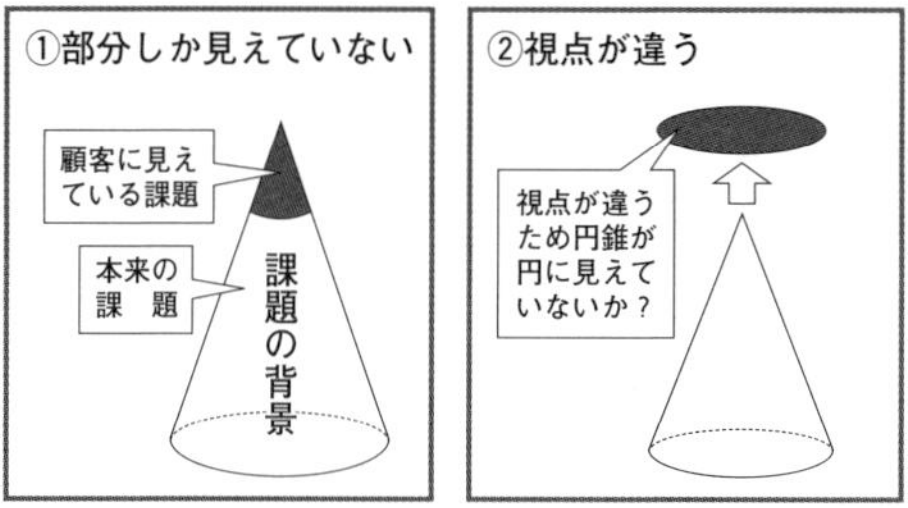

くらいリピート購買されるか……などざっと考えても六つ以上の要因に分解できます。そのうちブランドが直接関係してくるのは⑤の「どのくらい製品が回転するか」です（間接的にはブランドはほかの要素にも影響する）。

このように課題の因果関係を分解して原因究明をしたところ、実は売上減少の主要な理由は、置いてもらう棚の位置が以前より悪くなり、顧客に存在が認識してもらえなかったということがわかったとします。その場合、ブランドよりも店舗内でどうすればいい棚に置いてもらえるかということが重要な課題となり、「ブランドの弱さ」を最重要課題であると認識していた場合とは対応策が違ってくるはずです。

7-3 提案の幅を広げる

提案（課題・ニーズへの対応策）は二つ以上考えましょう。どう考えても対応策が一つしかないというケースは稀です。

まずは、対応策のオプションを徹底的に創造的に考えてみましょう。オフィスの机の上で考えたプランを書き留めたら、場所を変えて考えてみましょう。ずっと同じオフィスの机の上で考えていたのでは思考が固定化してしまいます。電車に揺られながら考えてもよいですし、動物園のサルを見ながら考えてもよいでしょう。

次に、いろいろな人と相談してみましょう。社内であれば、上司や同僚、部下だけでなく、まったく違う部署の人とも話してみましょう。秘密保持の問題もあるので社外の人と話すときには匿名化するなど注意しなくてはなりませんが、部分的な相談でも新しいヒントを得ることができます。

可能ならば、六パターンくらいの提案は考えたいものです。枠を広げるときには実現可

課題・ニーズへの対応策

提案の幅を広げる

①考える場所を変えてみる
②考える時間帯を変えてみる
③相談する相手を変えてみる

↓

提案を絞り込む軸

①顧客への付加価値の大きさ
②実現可能性
③自社の利益

能か否かではなく、顧客への付加価値がどれだけ大きくなるかという観点から考えたほうがよいでしょう。

枠を広げたあとは、次に挙げる三つの観点から、提案を三つ程度にまで絞り込みます。

①顧客への付加価値の大きさ
②実現可能性
③自社の利益

もちろん、最終的には顧客との相談の中でどんな提案にしていくのかを決めるわけですが、自分としてのベストの提案は考えておきましょう。さらに、顧客の課題をいかに最適に解決するか、どれだけうまくニーズを満たすか、といった選択の理由を的確に説明できるようにしておきましょう。

7-4 途中経過を報告し、宿題をもらう

たとえ製品が単純なものであっても、初回訪問から実際にその製品を提供するまでに時間がかかるものは、その途中経過を報告することによって顧客に安心感を与え、結果として信頼関係を築くことができます。

もし、その製品が複雑なものであれば、途中経過を報告することは顧客に安心感を与える以外に二つの意味があります。一つは、自分の提案の方向性が間違っていないかどうかを途中で確認できることです。最悪なのは、すべてが完成するまでノーコンタクトで進めたものが顧客のニーズとずれていたときです。銃で的を狙うときも、最初に数ミリずれていると着地点は何メートルもずれてしまうものですが、提案も同様です。そのため、何段階かに分けて顧客とのズレを修正する必要があります。もう一つは、顧客と確認し合うプロセスの中で、「この提案を一緒につくったんだ」という連帯感を顧客が持ってくれることです。忙しい相手ならば、毎回面と向かって経過確認をするのではなく、資料をメールで

途中経過報告の意義

① **提案の方向性が間違っていないかを作成途上で知る**

→直接の担当者以外からのフィードバックがあるとベター

② **「顧客と一緒につくり上げている」感の醸成**

→宿題をもらって帰っては、こなしていく

送って電話で確認するのもよいでしょう。

このプロセスで大切なのは、できれば毎回、顧客からちょっとした宿題をもらってくることです。宿題の内容よりもむしろ持ち帰った宿題を確実にこなしていくことで、提案の精度も高まり、先に述べた顧客との共感も高まっていきます。ポイントとしては、目の前の担当者からの宿題だけでなく、前述の社内バリューチェーンでからんでくる他部門からの宿題も聞いてもらうことです。経過報告をし、担当者からもらった宿題をこなして万全の提案ができた……と思っていたら、社内の重要な他部門（または上司）とすり合わせができておらず、最終提案でストップしてしまうなどということにならないためです。

7-5 競合との比較優位性

「戦略営業における提案」は、顧客にとってメリットのある製品・サービスを提供するということだけではありません。顧客にメリットのある提案でも、競合と比較してより魅力のある比較優位性を保てるものであることが必要となります。そして、その比較優位性を明確に抽出するためには、トム・ピーターズがいうところの「電子顕微鏡無用テストに合格する」ということが挙げられます。

電子顕微鏡無用テストに合格するということは、すなわち「一目でユニークであることがわかる」ということです。たとえば一〇の企画があったとして、それぞれの企画の違いは明確でしょうか？　電子顕微鏡で見ないとわからないほどのものではないでしょうか？　ロジカルかつ保守的に顧客ニーズを満たそうとしていくときの落とし穴は、その最終成果物がどれもこれも似たりよったりの、つまらないものになってしまいがちなことです。

もちろん顧客のニーズは満たしていなくてはなりません。しかし、その結果他社との違

いがないものになってしまっては、最後は価格勝負になるだけです。

あなたは日々の生活・仕事の中で、「おお、これはすごい！」とか「これは面白い、わくわくする」というものに出会ったことがあるでしょう。なぜそう感じたのか、またそれを提供した人は何を考えていたのかを想像することが、電子顕微鏡無用テストに合格するヒントを与えてくれるでしょう。

ここで述べていることは一見簡単なようですが、実際の現場においての難易度は非常に高くなります。しかし、顧客ニーズも満たしつつ、「ほかとは違う何かユニークなもの・こと」を〝顧客の視点〟で把握し、提案することは戦略営業をするうえでは必須となります。

7-6 自社内（外）調整力

提案の作成とは、提案書をつくることではありません。顧客が欲する製品・サービスを、自社が実際に提供できるようにすることです。顧客ニーズを的確に把握した後は、社内（ときには社外）の資産をフル活用し、顧客の望みを実現できるかどうかが営業の成否の分かれ目となります。これは、商社や広告代理店の営業スタッフにとっては至極当然のことのように聞こえるでしょう。

一～二回なら、「無理をいっているのはわかるけど、顧客がどうしても××といっているんだ。なんとかしてよ」と半ば強引に社内調整（恫喝？ 泣き落とし？）することも可能かもしれません。しかし、あまりに一方的に社内に無理を押しつけ続ける営業スタッフは、よほどその結果としてすばらしい営業成績を出し続けない限り、社内で相手にされなくなっていきます。そして、その結果として、顧客のニーズに応えられなくなっていくのです。

これを避け、うまく社内調整をするポイントは、①前章で述べたゲームプラン・ワーク

自社内（外）調整力のポイント

常日頃のコミュニケーション

ゲームプラン・ワークプランを立てることで、余裕を持って依頼

なぜ、その作業やサービスが必要なのかをきっちり説明できる

プランを立てることによってスケジュールと工数の負荷を軽減すること、②なぜその作業が、そのサービスが必要なのかの理由をきっちり話して納得してもらうことの二つです。これまで説明してきた戦略営業プロセスをきっちりたどっていくことが、社内調整においても効果を発揮するのです。

このプロセスをしっかりたどっても、毎回社内に無理をいわなくてはならないという場合は、会社の戦略のどこかに無理があるということになります。そういう場合は、現場の視点から指摘すべきです。さらに、それを指摘する際にも戦略営業プロセスで提案することによって社内の納得も得やすくなります。

7-7 「わかりやすく」「結果を数字に」

提案書の内容は、なんといっても相手にわかりやすくなくてはなりません。わかりやすくするためには、**①相手のわかる言葉で、②結論を明確に、③具体的に、④シンプルに**の四点を心がけることが大切です。

まず、顧客が知らない可能性のある専門用語やカタカナ言葉はいいかえます。どうしてもその用語を使わなくてはならないときは、注意書きをつけて説明するようにしましょう。難しい言葉を使うことによって自己満足に浸ってはなりません。顧客が社内で多用している言葉を入れるのもよいアイデアです。また、前フリが長すぎて結局何がいいたいのかわかりにくい提案書も困りものです。「結局あなたがイイタイコトは何なの!?」と顧客にいわれたことはないでしょうか？　さらに、提案内容が抽象的すぎても顧客は迷ってしまいます。顧客がスムーズに導入・実施しやすいように具体的な説明を心がけましょう。

たとえば、顧客がこの製品・サービスを購入することによって「いくら儲かる」もしく

● わかりやすい提案書作成のための注意点 ●

①	**相手のわかる言葉で** ・新語には注釈をつける ・顧客の社内用語を使う
②	**結論を明確に**
③	**具体的に** ・例をつけても可
④	**シンプルに** ・本文は短くまとめ、必要なら添付資料をつける

は「どのくらいコストが減らせる」可能性があるのかを現状との比較によって定量的に見せることで説得力は増します。

「いくら儲かるか、いくらコストが減らせるかなんてやってみなくてはわからない」という場合もあるでしょうが、そのような場合は任意の前提をおいて計算し、その前提を明示しておくことによってロジックのある提案が可能となります。「現在における御社の○○の単価を××円、歩留まり率を△△%と仮定し……」や「御社のターゲット顧客の価格感受性を○○と仮定すると……」というような前提を明示しておき、必要に応じてそれを両者で調整すればよいのです。

7-8 見栄えと正確さ

ここまでは戦略営業の内容をいかによいものにするかについて述べてきましたが、戦略営業を成功裏に完結させる（成約）には提案内容がよいだけでは足りません。成果物（提案書）の見栄えや正確さも大事になります。そんなものは本質的ではないのでは？と考える人もいるかもしれませんが、成果物がよい印象を与えれば、顧客のほうも前向きに聞こうという気になってくれるでしょうし、その逆もあり得るでしょう。たとえば誤字脱字や数字の間違いは、その提案内容そのものの信頼性まで損ないます。

フォーマットは顧客の社内フォーマットに合わせる場合と、自社フォーマットで提示する場合とがあります。顧客に刺激的な内容を提示するときには、少しでも相手の心理的抵抗を和らげるために顧客のフォーマットに合わせるというテクニックもあります。

書体や基本レイアウトは極力統一したほうがきちっとした印象を与えます。少なくともページごとのタイトルの書体は統一しましょう。作成後に自分で見直すのはもちろん必要

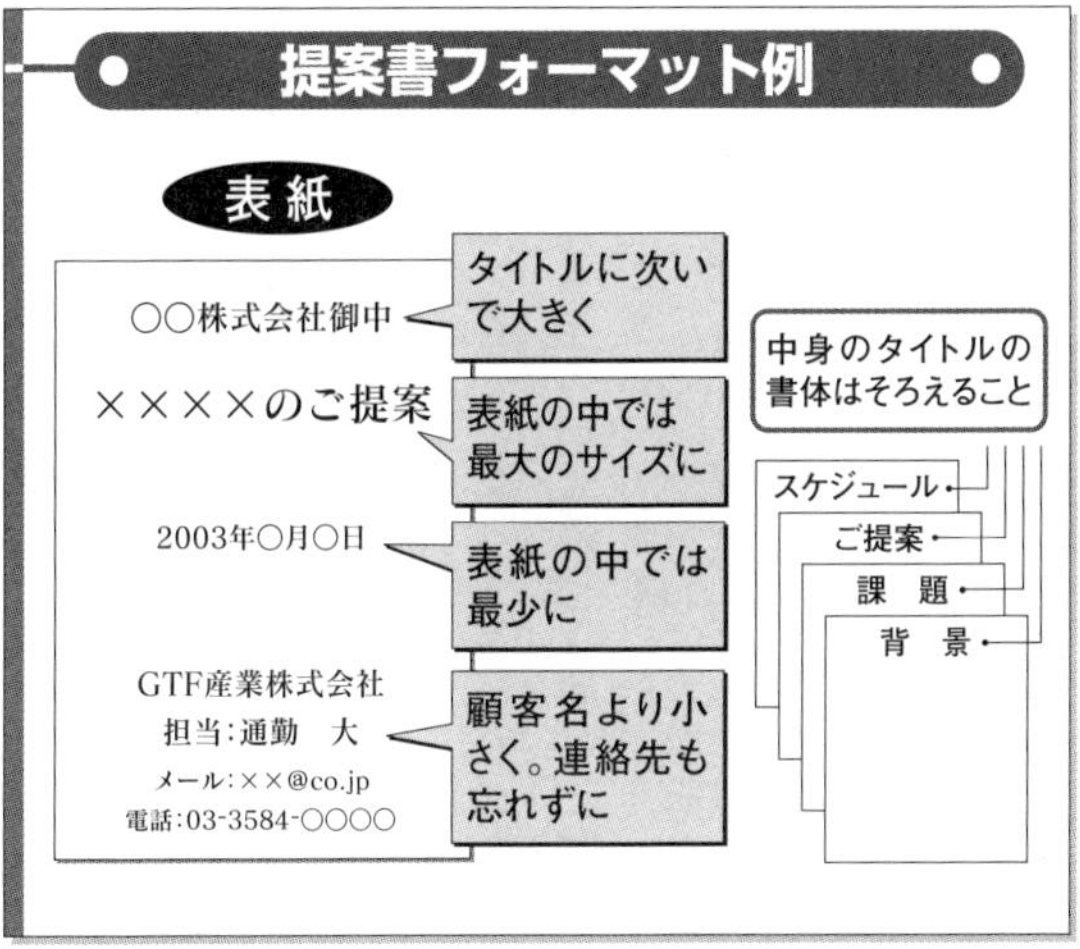

なことですが、テストの答案の間違いがなかなか自力ではみつけられないように、自分の間違いを自分で見つけるのは難しいものです。ここはやはり上司や同僚にチェックをお願いするのがよいでしょう。

その際のポイントは二つ。まずは、第三者にチェックをお願いするときは、その分の時間的余裕をワークプランに織り込んで、早めに提案書などを作成しましょう。二つ目は、ギブ＆テイクを忘れないことです。周りの人へ「チェックしましょうか？」などと日頃からのオファーをこまめにし、チェックを頼まれた際は真剣に取り組むことが大切です。あなたが真剣にチェックした分だけ、相手も真剣にチェックしてくれると考えましょう。

COLUMN

自己インセンティブマネジメント④
～意識的にストレス解消法を実践する～

COLUMN

営業は喜びや楽しみもストレートに味わえますが、ストレスもダイレクトにのしかかってくる職業です。実際に営業をやっている人なら、「カーッ」と頭にきたり、「ガックリ」と気落ちしたりすることには日々事欠かないでしょう。

しかし、こうしたストレスを放っておくと、知らず知らずのうちに仕事に気合が入らなくなるようなことになってしまいます。ゴムをピンと張ったままにしておくと伸び切ってしまうのと同じです。そこで、気合を持ち続けるためにも、ストレス解消法は意識的に考えておくべきでしょう。

ストレス解消法は人それぞれです。スポーツなどで体を動かしたり、カラオケで大声を出したり、週末に健康ランドの温泉にゆっくり浸かってマッサージをしてもらったりするのもいいでしょう。要は、自分が心底リラックスできる環境でありさえすればいいのです。最も大切なポイントは、あまりストレスを溜め込みすぎないうちに、意識的にこまめに発散することです(年に一回のリゾートでドカーンと発散するのが自分に向いているというような人はそれでもかまいませんが)。ぜひ、自分にとって一番効果的なゴムの緩め方を探してください。

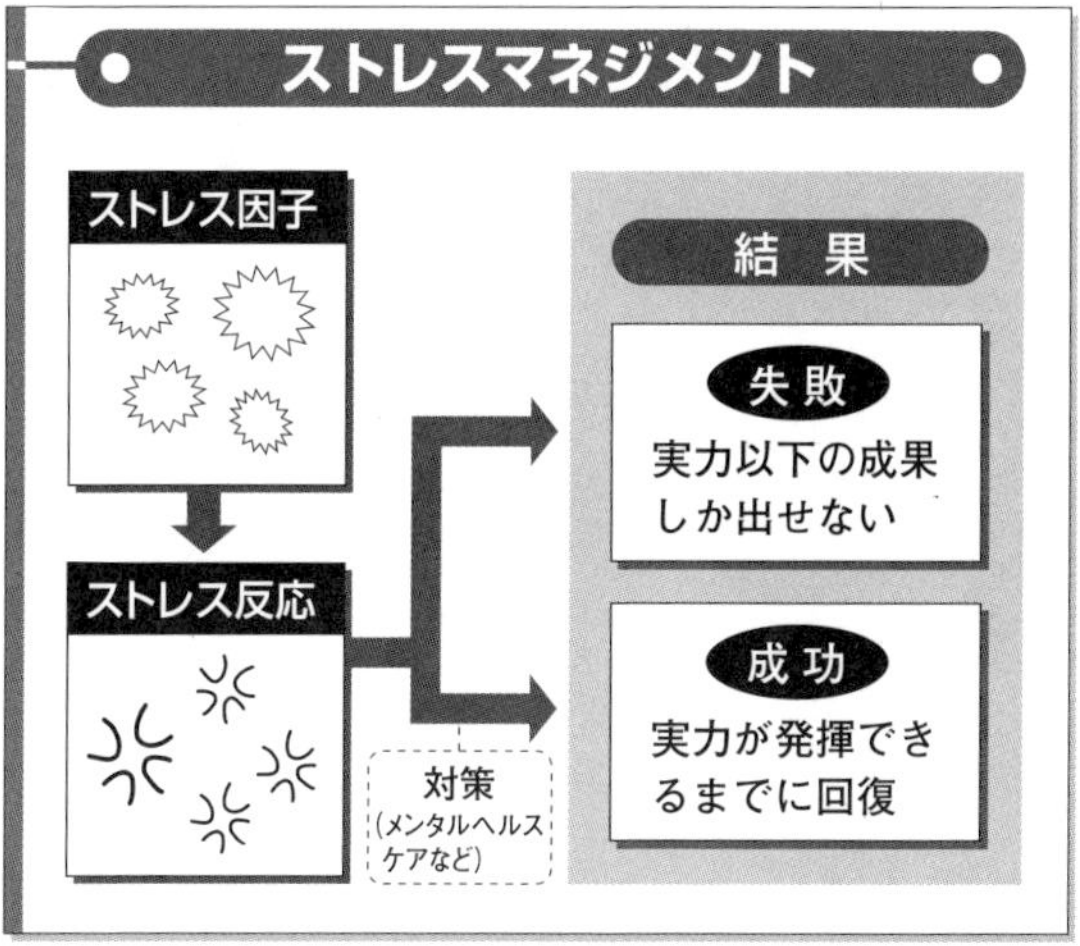

ただ、自分が何によってリラックスできるかがわからないという人も意外に多いようです。そういう人が酒で発散しようなどと考えた場合、酒におぼれたりしがちなようです。

自分のリラックス方法がわからない人は、一度ストレス診断の専門医にかかって、自分のストレスパターンや、どんな解消法が自分に向いているかを診断してもらうといいかもしれません。また、わかっている人も一度診てもらうといいかもしれません。アメリカではメンタルヘルスケアはごく一般的なことであり、シニアマネジャークラスになると専属の精神科医がいることも珍しくないそうです。必要に応じてプロフェッショナルを活用することも考えてみてはいかがでしょうか。

第8章

戦略営業プロセスⅣ

～プレゼンテーション・交渉・フォローアップ～

8-1 プレゼンテーション①～説得ではなく、納得～

最高のプレゼンテーションとは一体どのようなものでしょうか？

清潔感ただよう服装のAさんは、ロジカルなストーリーをプレゼンテーションソフトを用いたきれいな資料に仕上げています。理路整然と話を展開していくAさんの流暢な説明に顧客はウンウンとうなずき、ただただ聞き入るだけです。誰も疑問をはさむ余地がないほど堅固なロジックで構築された提案なのですが、肝心の結論、つまり「その分析の結果、どうすればいいのか」という部分があまり明確ではありません。

一方のBさんは何となくたどたどしい説明で、途中で顧客から質問されたりしています。はっきりとした結論はあるものの、それをサポートするロジックごとのまとめがしっかりしていません。むしろ、顧客自らが質問しながらプレゼンの中で示される結論とその前までの主なポイント（Key Findings）をもとに最終的な答えを見つけ出しているようです。

AさんとBさんでは、どちらのプレゼンが優れているといえるでしょうか？　一見すると、

Ａさんのほうが優れているように思えるかもしれません。

しかし、このようなケースにおいてＡさんの提案が却下され、Ｂさんに仕事が任されるというのは、現実にはそう珍しいことではありません。なぜなら顧客は、自身が抱えている問題に対しての正しい解答を出したいと考えているからです。そのため、議論の枝葉がいくらしっかりしていて説得力があっても、主題に対する結論が明確に見えない場合は納得しません。逆に枝葉がどうであれ、最終的な結論を導き出すのに十分なヒントがあれば、顧客側は自発的に答えを導き出して納得するのです。この点を考慮に入れてプレゼンに臨むことが大切です。

8-2 プレゼンテーション② ～見た目・自信～

プレゼンテーションにおいて顧客が最も注目しているものの一つに**営業スタッフの立ち振る舞い**があります。立ち振る舞いを観察することによって顧客が見ようとしているのは、**営業スタッフの自信**です。つまり、それが本当に自信を持って提案されているものかどうかを見極めようとしているわけです。顧客の立場で考えれば、提案する本人が半信半疑のものを受け入れようとは思わないことがわかるでしょう。そういうような場合、顧客のほうはゼロ信全疑になってしまうのです。

そして、これは二つのことを意味します。一つはプレゼン側の自信を顧客の視覚に訴える技術が必要だということ、そしてもう一つは、事前にきっちりと自信が持てるまで、プレゼンの内容を詰めておくのが重要だということです。

プレゼン側の自信を顧客の視覚に訴えるためには仕草や外見が重要です。具体的には、胸を張ってはっきりとした口調で、しっかりと顧客の目を見ながら語りかけることが大切

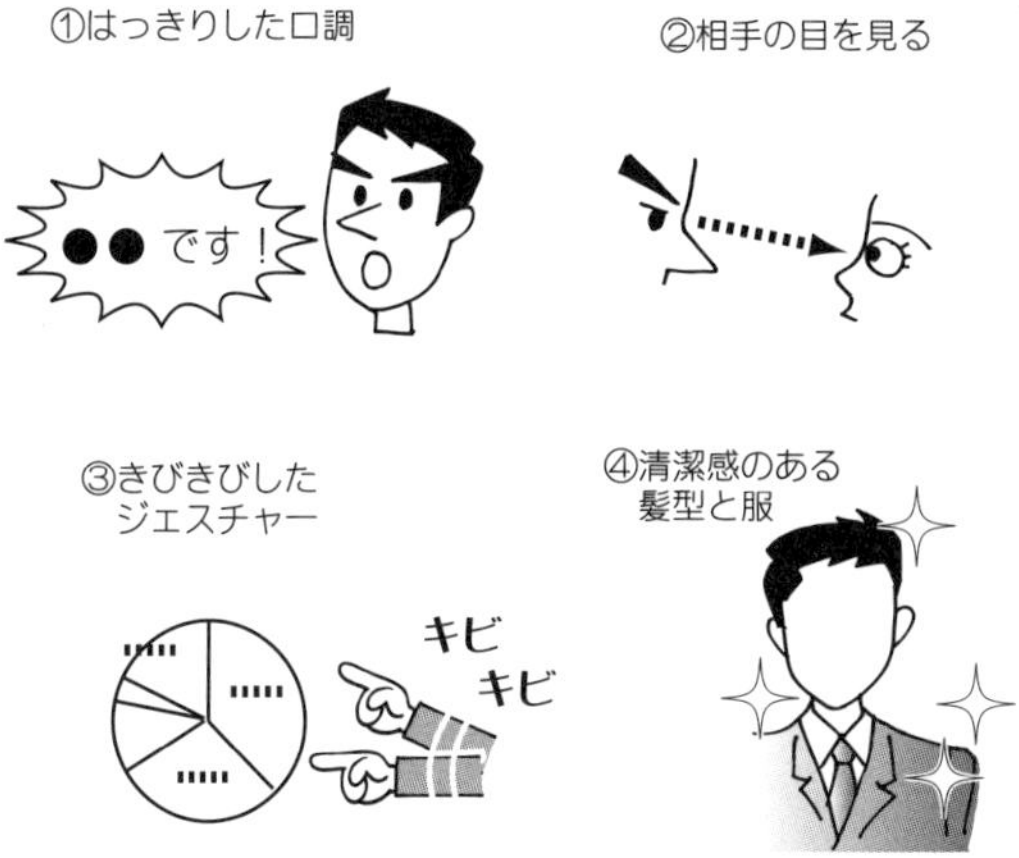

です。これは日常のコミュニケーションに必要なこととなんら変わりはありません。また、嫌味にならない程度のジェスチャーも効果的です。間違っても目をキョロキョロさせたり、蚊の泣くような声でプレゼンするのだけは避けたいものです。なお、服装や髪型にも気を遣いましょう。高価なスーツを着る必要はありませんが、清潔感は重要なポイントです。

　プレゼンの際に緊張しないコツは、冒頭に自己紹介をすることです。たとえば、会社名と自分のフルネームをゆっくりということによって無心になり、落ち着くことができます。また、以前成功したときにつけていたネクタイを選ぶなどして、自己暗示をかけるという方法もあります。

8-3 プレゼンテーション③ 〜リハーサル〜

もう一つの重要ポイントである「事前にきっちりと自信が持てるまで、プレゼンの内容を詰めておく」ことについて説明しましょう。ここでいうプレゼンの内容とは、顧客に提案する内容そのものと、その伝達方法を含みます。

まず内容については、資料に書かれていることのみならず、それらをバックアップするデータなどを事前に調査しておく必要があります。顧客が質問しそうなポイントについては必ず調べておきましょう。顧客の立場になって考え、もっと知りたいであろうポイントを洗い出して想定問答集をつくり、それについて調べるとよいでしょう。そうしておけば突っ込んだ質問にも対応できます。また、こういった努力が自信と余裕を生むのです。

さらには、最初の項目でも述べたとおり、顧客が質問したくなるようなポイントをあえてつくっておくこともできます。そうすればプレゼンテーションが一方的ではなく、顧客とのコミュニケーションをとることができるものになります。一方的な説明は、ともすれ

ば単調になりがちで顧客側は退屈しがちですが、質問させるポイントをあえてつくることによりアクセントにもなります。

内容が固まったら、次はリハーサルです。リハーサルでは本番で使う機材を用意しましょう。機材のトラブルが起こって焦ってしまい、プレゼン自体がボロボロになってしまうというケースもよくあるからです。また、顧客役として同僚や上司に参加してもらうのもいいでしょう。その際には、顧客役の人にいろいろな角度から質問してもらうと、自分が考えていなかったポイントからの質問が出てくる可能性があります。また、説明がわかりにくい、声が小さいなどの欠点なども指摘してもらい、本番に役立てると万全です。

8-4 プレゼンテーション④ ～出席者・場所の事前確認～

出席者の人数や名前、場所の確認などは、それほど重要な事項ではないように考えられがちですが、実際はそうではありません。まず場所の確認については、どこそこにあるということだけを確認するのではなく、そこにはどのようなプレゼンテーション用の機材があるのか、またそれらは実際に使用可能かどうか（故障していないか、また実際に自分で操作することができるかなど）を確認しておく必要があるのです。

また、事前に会場を訪れて機材を操作することにより、その確認行為自体がリハーサルとなり、本番時の緊張を和らげることができます。さらに部屋の大きさにも気を配り、一番後ろの人に見えるか？　聞こえるか？　ということも確かめておく必要があります。

次に、資料の作成枚数を知るうえでも出席者の人数確認は必要ですが、なにより重要なのは、参加者の名前と役職を確認しておくことです。参加者の名前を覚えて、その参加者にとってプレゼン内容がどのような意味合いを持つかを考えるのです。また、プレゼン中

出席者・場所の事前確認

When（いつ）	開催日時、プレゼンの時間、質疑応答の時間
Where（どこで）	開催地、会議室の種類（広さなど）
Who（誰に）	名前、役職、人数、出席者の思惑
How（どのように）	手元資料 or OHP or パソコンなどを用いるか否か。また用いる場合はそれらが使える環境にあるか否か

の呼びかけは参加者の注意を引くうえで非常に有効なテクニックですし、どのような階層の人が参加するかによって訴える相手が変わってくるかもしれません。いつも接している課長と担当者だけなのか？　それともその上の部長が出てくるのか？　誰が本当の意思決定者なのか？　誰が賛成派で誰が反対派なのか？……といった点を事前にリサーチすることがプレゼンの成否を分けるといっても過言ではありません。それにより意思決定者にアピールし、反対派を納得させるような働きかけをすることもできるからです。

プレゼンでは、単純な情報をうまく利用できるかどうかによって大きな差がついてしまうことを肝に銘じておきましょう。

8-5 交渉①～戦略営業における交渉とは～

戦略営業において、交渉とはどのような意味を持つのでしょうか？　戦略営業では、まず顧客のニーズを把握したうえで、新しい付加価値をつけた提案を顧客に示し、納得してもらうということが必要になります。顧客のオーダーを鵜呑みにするのではなく、まったく違う提案をする必要がある場合もあります。その場合、顧客が最初に提示したオーダーは跡形もなくなっているかもしれません。もしそれが、顧客とあなた双方にとって以前より利益を増大させる提案であったとしても、顧客がすんなり受け入れるとは限りません。顧客によっては、面子をつぶされた、立場を台無しにされたと思うかもしれないからです。

世界で最も読まれている交渉術の古典『Getting to YES』（Roger Fisher & William Ury ほか著）によれば、交渉のプロセスは①**症状を把握する**（問題点の洗い出し）、②**診断を下す**（相互の利害を特定）、③**戦略を設計する**（可能な選択肢の創出）、④**戦術に落とし込む**（具体的方策の策定と実施）の四つに大別できます。そしてこれらは、今までに見てきた戦

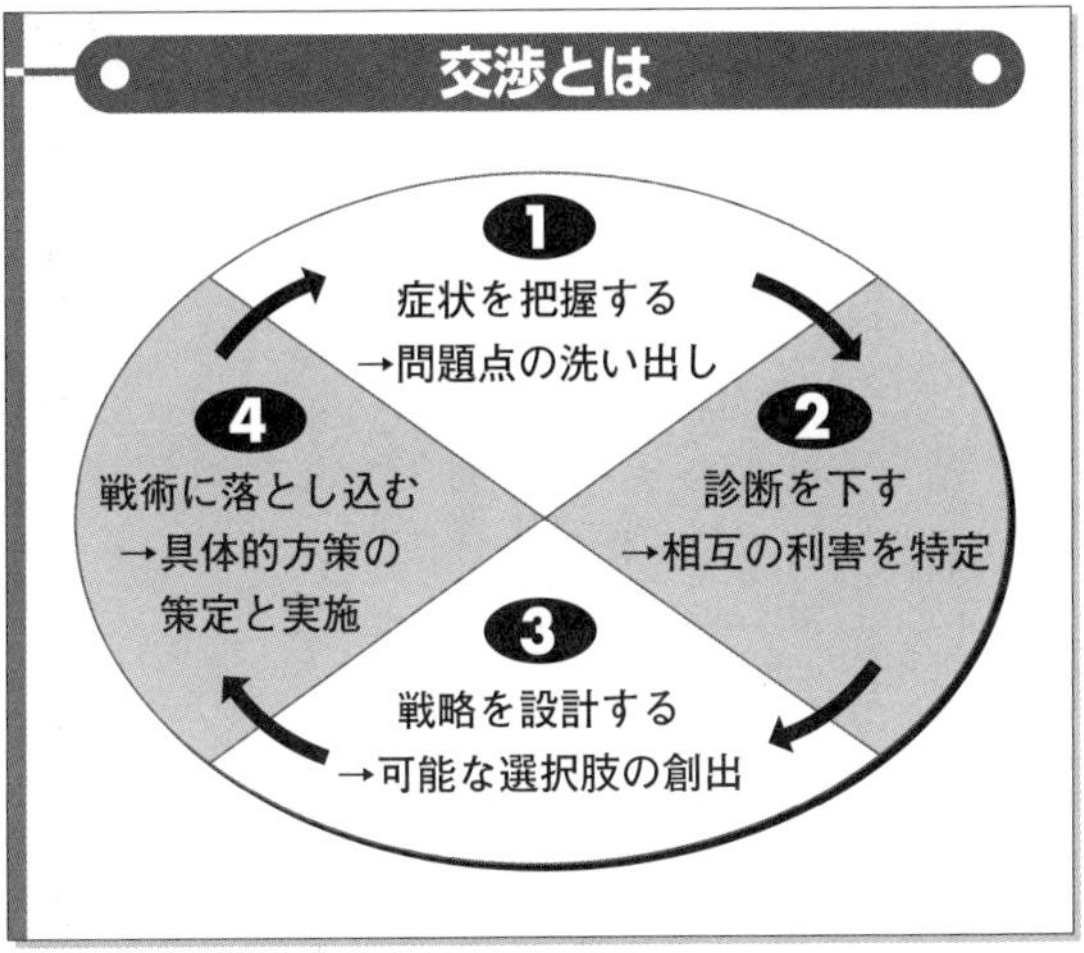

略営業プロセスとほとんど同じなのです。

しかし、ここで一番のポイントになるのは、交渉とは「一方的な説得ではなく、双方向のコミュニケーションをもとに、交渉に携わる関係者がそれぞれに納得する選択肢を見つけ出す」という**相互理解のための技術**であるということです。プレゼンテーションの項で述べたことの繰り返しになりますが、説得ではなく納得こそが交渉の土台を成すのだということを肝に銘じてください。

説得できるはずの材料は提示できても、関係者の納得を得られるとは限りません。提案の内容ばかりに気を取られるのは危険です。それをどのように伝え、相手がどのように感じるのか。それが重要なのです。

8-6 交渉② ～交渉をめぐる誤解～

交渉に関して誤解している人が多いと思われるのは「タフ・ネゴシエイター」についてでしょう。これは「手強い交渉人」という意味で用いられることが多いのですが、この言葉から想像できる人物像は、強引で駆け引き上手、ウソと脅しをうまく取り混ぜて自分の取り分を少しでも多くしようとする人……。では、こういったやり方は交渉のあり方として果たして正しいものなのでしょうか？　もちろん、気弱で説得されやすい担当者と向かい合ったときに、短期的に成果を出すことは可能でしょう。あるいはモノが不足している状態なら、むしろこのやり方のほうが大きな成果を出せるかもしれません。しかし、モノ不足の時代は終わっています。このモノあまりの時代に、この手法では新たな顧客と長期的な信頼関係を築くことは不可能であり、既存の顧客との間で培ってきた信頼関係が一瞬にして壊れてしまう可能性すらあるのです。

では、「顧客満足の最大化」を金科玉条として、顧客のニーズに沿うために譲歩に譲歩を

交渉をめぐる誤解

ビタ一文まけないよ！
この商品を買わないと不幸になるよ！
何か怖いなぁ。買っちゃおうか……
何でもお申しつけください
○割まけてよ
はい、かしこまりました

重ねるソフトなアプローチはどうでしょうか？　この場合、顧客との関係が悪化する恐れはなさそうですし、結論もすぐに出せそうです。しかし当然、譲歩する側である提案側の利益は失われがちになります。長期的信頼関係を重視するあまり、顧客のいいなりになって短期的な利益がほとんど得られないような状態は、固定的な関係が存続する閉鎖的な世界で、かつ高度成長を前提としない限りうまくいきません。

両者のミスは、顧客と相互理解を進めるためのコミュニケーションが足りないということです。前者は一方的に顧客をコントロールしようとしていますし、後者は顧客のオーダーを受け入れているだけだからです。

8-7 交渉③ ～交渉のテクニック～

ここでは、有効な二つの交渉テクニックを紹介しましょう。

①実績紹介

顧客に初めて自社を説明するときには、自社の概要や売上規模などを話すよりも、過去の成功事例や取引先を示したほうが信頼を得られやすいものです。これは多くの営業スタッフが経験していることでしょう。取引先に有名企業の名があったり、成功事例が華々しいものであったりすれば、顧客からの信頼感が増します。また社内に説明するにあたっても、成功事例や安心できる取引先がいれば承認が得られやすいという効果もあります。

②選択肢限定

顧客に意思決定を迫る際にＹＥＳかＮＯかの二者択一ではなく、自社に有利な答えを自然と顧客が選んでしまうように質問するというテクニックです。

たとえば、顧客に競合から自社製品への乗り換えを勧めたい場合、「競合の製品で少し問

交渉のテクニック（ブーメラン）

【ブーメランテクニック】顧客のいい分を徹底して肯定・称賛することによって、逆に顧客自身に疑いを持たせるテクニック。顧客が自説に自信を持っており、また猜疑心の強いタイプで、提案した内容と折り合いがつきそうにない場合には有効。

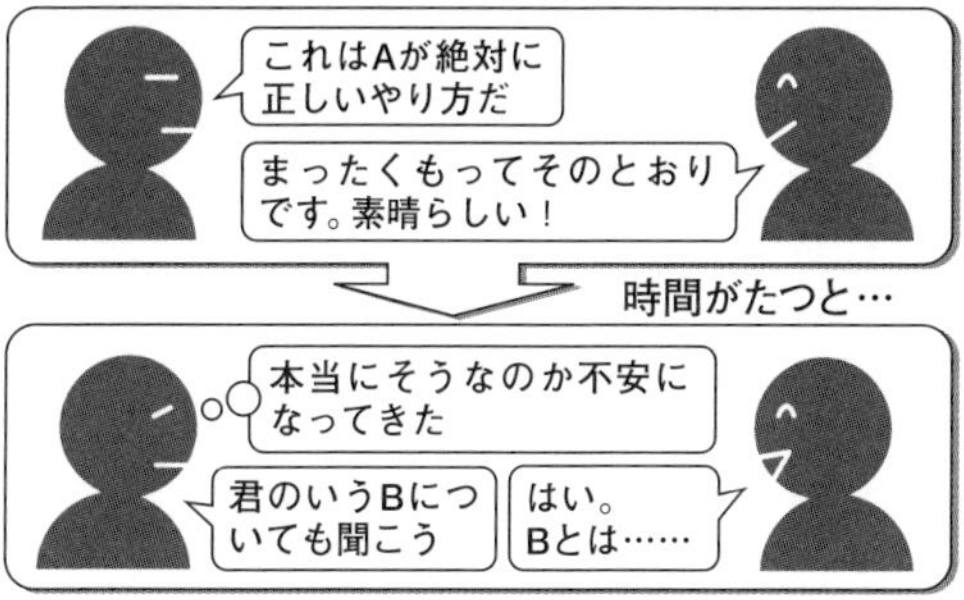
これはAが絶対に正しいやり方だ
まったくもってそのとおりです。素晴らしい！
時間がたつと…
本当にそうなのか不安になってきた
君のいうBについても聞こう
はい。Bとは……

題があると思われる点はどこですか？」「弊社と比較して競合のどの部分に満足していませんか？」などと、顧客自身に競合の欠点を述べさせる質問を連続的に行うパターンがあります。逆に、自社製品のよさをアピールする側面から「弊社の製品を無料でお試しできますが、何日間お貸しさせていただきましょうか？」「自社製品を納入していただくためのポイントを二〜三挙げていただけませんか？」などと質問する方法もあります。これらの方法を用いれば、交渉の頭からチャンスを奪われるようなことにはならないはずです。ただ、誘導されている感じを顧客側に抱かせてしまう可能性があるため、その点には注意が必要です。

8-8 交渉④ ～Win-Win～

これまで述べてきたように、交渉ではお互いに利益が生まれるようなWin-Winの**関係**を生み出すようにすることが重要です。

ところが、「交渉をめぐる誤解」の項目で見た二つのタイプは、Win-Winの関係を生み出すのではなく、ゼロ・サムゲームを行っている場合が多いのです。大きさの決まっているパイを二人で分ける場合、どちらかの取り分が多くなれば、もう一方は少なくなります。これが、ゼロ・サムゲームです。交渉をゼロ・サムゲームと捉えてしまうと、どうしても相手を打ち負かしてやろう、説得してやろうという姿勢で交渉してしまいがちです。しかし、何度も述べたように、交渉は双方向のコミュニケーションをもとに関係者すべてが納得しなければ成功とは呼べないのです。

世の中には、さまざまな説得・交渉テクニックが生み出されています。これらを習得することはまったく意味がないとはいいませんが、注意しなければならないのは、これらの

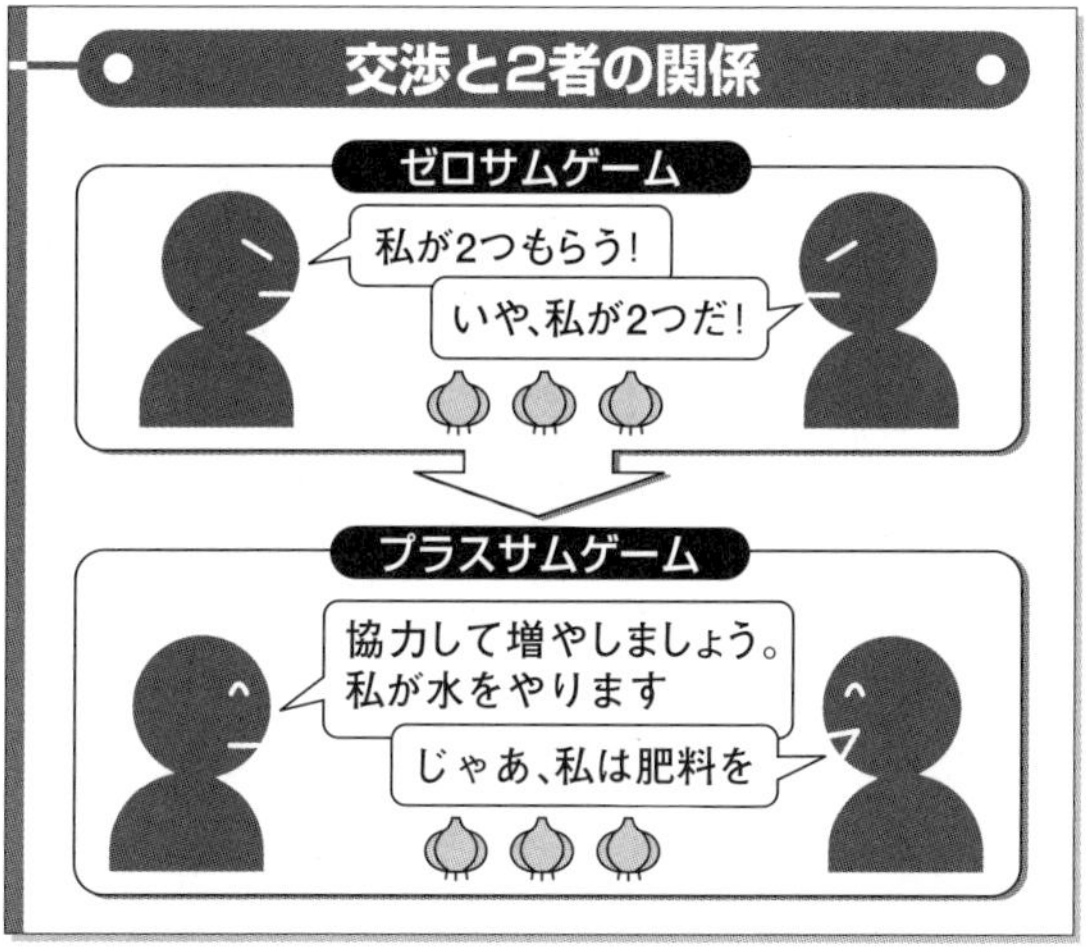
交渉と2者の関係
ゼロサムゲーム
私が2つもらう!
いや、私が2つだ!
プラスサムゲーム
協力して増やしましょう。私が水をやります
じゃあ、私は肥料を

テクニックがありとあらゆる局面で通用する普遍的なものではないということです。くどいようですが、交渉は双方向のコミュニケーションです。相手の出方によって、こちらの出方も当然、変わるわけです。

また、交渉力は先天的な能力や経験によってのみ決まるものでもありません。もちろん先天的に交渉のうまい人は存在しますし、経験も重要です。その一方で、交渉のプロセスはどんどん研究されています。つまり、これらの知見をうまく取り入れながら、自らの経験の中で日々自分なりの交渉術を創り上げていくことこそが、唯一のゴールデン・ルールといえるのです。

8-9 フォローアップ①　〜フォローアップの意義〜

フォローアップは提案が受け入れられた後に必要となることです。提案が受け入れられると、喜びのあまりつい気を抜いてしまうかもしれませんが、フォローアップは戦略営業プロセスにおいて最も効率的にリターンを得るチャンスがある行為なのです。

単純に考えても、新規顧客を開拓するよりも、既存顧客から継続的に契約を獲得したほうが営業の効率は上がります。極端な話をすれば、飛び込み営業でまったく知らない相手に知られていない製品（サービス）を売り込むよりも、すでに知られている製品（サービス）をすでに取引がある顧客に売り込むほうが簡単だということは容易に想像できるでしょう。また、実際の調査によってもこれは明らかにされています。

用事がない場合はなかなか顧客に会いに行きにくいものですが、すでに売り込んだもののフォローアップを理由にすれば、自然な形で会いに行くことができます。顧客は、売った後もきちんとフォローしてくれる営業スタッフや会社のことを「とても信頼できる」と

感じるはずですし、営業スタッフにとっては、他製品やサービスについてさらに営業を行うことのできる絶好の機会です。顧客にも喜ばれるうえに営業機会を得ることができるという、まさに一石二鳥のチャンスなのです。

　このように、少ない労力で大きなリターンを得ることができるフォローアップですが、通常はおろそかにされがちです。提案が受け入れられることはもちろん大きな目標ですが、それが最終目標ではありません。フォローアップを含めてまでが、本当の戦略営業のプロセスなのです。フォローアップがうまくいってさらなる営業に結びつけば、また戦略営業プロセスの頭に戻ることになります。それにより成功のサイクルが回り続けるのです。

8-10 フォローアップ②　～スピードとタイミング～

フォローアップには儀礼的側面があります。そういった意味で第一に挙げられるのは「お礼とお詫び」です。提案を受け入れてもらったときにはもちろんお礼が必要ですし、何かの間違いやトラブルがあればお詫びする必要があります。そして、これらを行うにあたっての一番のポイントは**スピード**です。

お礼にせよお詫びにせよ、スピードは非常に大切です。例を挙げると、礼状の書き出しが「先日はありがとうございました」となってしまってはいけません。「本日はありがとうございました」が正解です。会ってすぐの礼状は、顧客にも大きなインパクトになります。とくにお詫びの場合は、遅れてしまうと誠意がないと判断されて契約を打ち切られたり、実害があった場合には賠償を求められることすらあるため注意が必要です。

また、儀礼的な意味合いだけでなく、実際の現場では次回の約束や商談の内容確認、今後の作業の進め方などを併せて行う場合も多いでしょう。そういった場合には、さらにス

ピードが重要になります。なぜなら、会ってから時間がたてばたつほど、お互いに忘れてしまったり、誤解があるまま物事を進めたりする可能性が増すからです。

　フォローアップは提案が受け入れられた直後から行うことになりますが、その際には**タイミング**が重要です。提案が受け入れられてから一週間後、一カ月後、三カ月後など定期的に行うのです。定期的なスケジュールを組んでしまえば、忙しくてうっかり忘れてしまうなどのミスを防ぐこともできます。また、とくに目的がなくとも顧客と会話することにより、隠されたクレームを発見するいい機会にもなり得ます。クレームについては次項で詳しく説明します。

8-11 フォローアップ③ ～クレームの活用～

フォローアップを行っていると、クレームを受けることがあります。クレームと一口にいっても、単純な欠陥やミスに起因する全責任が売り手側にあるようなものから、「どう考えてもそれは無理だろう」という顧客のわがままレベルのものまでさまざまです。

通常、クレームに対しては「最小限にとどめて、できる限り穏便に処理する」と考えるものでしょう。もちろん、単純なミスや欠陥、不誠実な対応などによるクレームはなくす必要があります。しかし、クレームを顧客の希望までも含んだ幅広い意味でとらえ、「クレームはマーケティング情報である」と考えることによって、二つの利点が生まれるのです。

まず、クレームを無視したり隠したりするという行動が減るという利点があります。誰でもそうですが、クレームはできれば受けたくないものです。そのため耳をふさいでしまったり、顧客に反論してしまったり、上司への報告を行わなかったりしがちです。しかし、これでは根本的な解決にはならず、かえって問題をこじらせかねません。この点はとくに

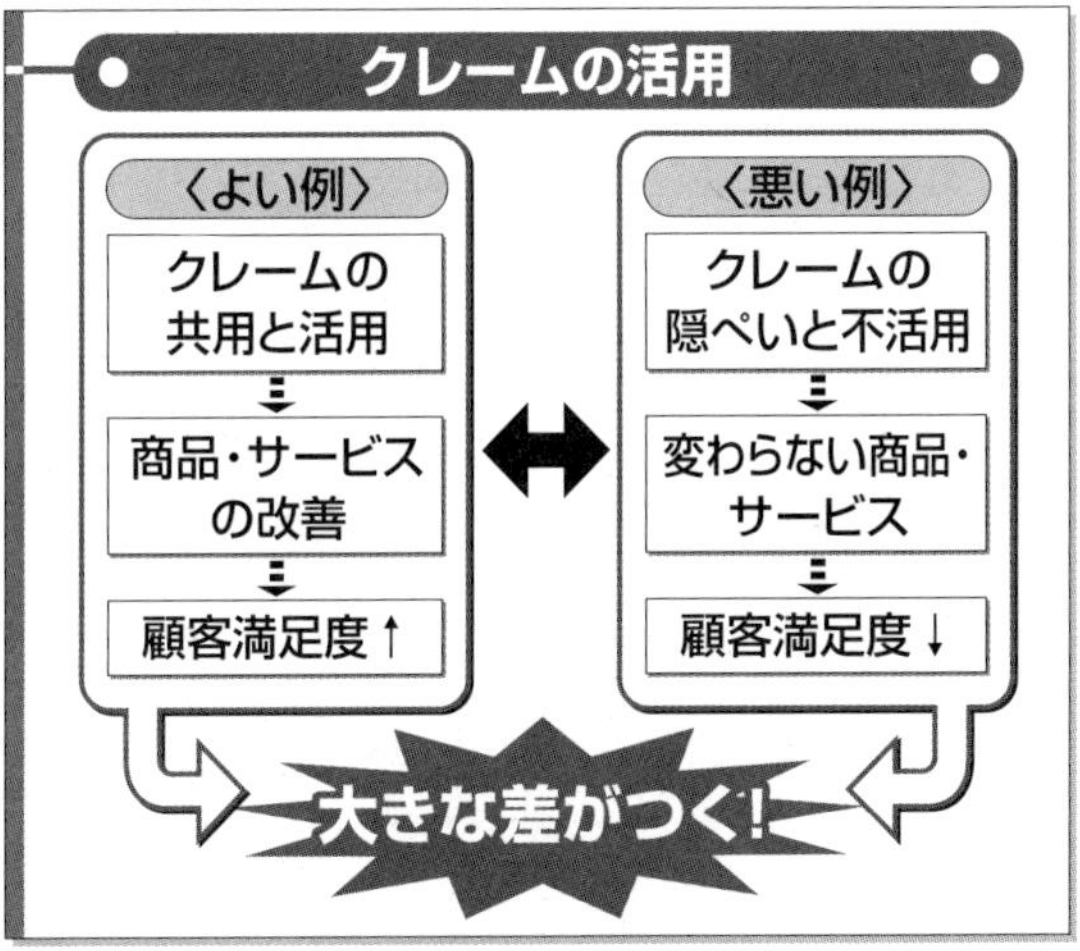

営業スタッフを管理する立場の人の心にとどめておいていただきたい部分です。

さらに重要なのが、クレームは製品・サービスや業務改善のための貴重な資料になるという利点です。なにしろクレームは顧客の一番生の声なのです。マーケティングのデータとしてこれ以上確かなものはありません。さらに、社内にそれらを蓄積し、みんなで利用して改善に結びつけることによって、その製品・サービスを受けている既存顧客から今後新しく獲得しようとしている潜在的な顧客まで、すべての満足度を向上させることができます。

このように、クレームをうまく活用すればマイナスをプラスに、しかも大きなプラスに変えることができるのです。

8-12 フォローアップ④ ～顧客のNO～

どんな製品であれ、初対面の見込み客がいきなり「待ってました！　早速購入しましょう！」などといってくれることは滅多にありません。自分が顧客の立場になってみれば容易にわかることでしょう。いきなりやってきた営業スタッフは（もし誰かの紹介であったとしても）顧客にとっては未知の人間です。そして、人は未知のものや変化には、まず防御の姿勢をとるものです。そのため、営業スタッフが最初に顧客から「ＮＯ」をいわれる、つまりあまり色よい反応をされないのは当然のことなのです。

大切なのは、この「ＮＯ」が将来もずっとＮＯなのか、それとも「ＹＥＳ」に変わる可能性のあるＮＯなのかを、できるだけ早い段階で見極めることです。そして、このＮＯがどちらのＮＯなのかをさまざまな角度から検証するのが戦略営業の真髄ともいえます。

さらに、ＹＥＳ・ＮＯだけでなく、「ＷＨＩＣＨ（どれか）」も入れて考えると、オプションが広がるケースもあります。

「顧客のNO」の種類

❶	その製品へのニーズは今も将来もまったくない、真正のNO →早く見切りをつける
❷	その製品のニーズは将来的にありそうだが、いまはないNO →いつその時期がくるかを見極める
❸	その製品のニーズは現在あるのだが、予算がないＮＯ →どんな形式なら払えるのか、どこの決済を取ればよいのかを見極める
❹	自分では判断がつかないＮＯ(このケースが多い) →誰が意思決定者かを聞く
❺	自分が新しい判断をするリスクをとりたくないＮＯ →どうすればリスクが軽減できるか、一緒に根回し方法を考える
❻	ニーズも予算もあるが、初めての営業への儀礼的ＮＯ →正しい順序でどんどん進める

たとえば一時期流行ったデートのマニュアル本に、デートに誘うときには「デートしようという相手がＹＥＳかＮＯで答えられる問いかけ」ではなく、映画と遊園地のどちらがいいか？　じゃあ土曜日と日曜のどちらがいいか？　などと「ＹＥＳを前提にして、どれがいいかを選ばせる問いかけ」にするとデートの約束がとれる確率が高まる、などと書かれていたことがありました。

実は、ビジネスにおいても同様のことがいえます。ＹＥＳ・ＮＯ型の問いかけではなく、「ＷＨＩＣＨ」を選ばせることにより成約率を高めることができるのです。

第9章

戦略営業のための基本動作

9-1 効率化

戦略営業を実践するためには、思考・創造する時間が必要になります。そのためには、作業としてやるべきことは徹底的に効率化し、思考・創造の時間を捻出する必要がありま す。そして、それは少しの心がけと工夫があれば簡単かつ継続的に可能となるのです。

ポイントは段取りと細切れ時間の活用です。たとえば、顧客との商談前に確認すべきポイントを書き出して自分なりのストーリーをつくっておくだけで、短時間に必要な話をすることができ、残りの時間は人間関係強化のために安心して世間話をすることができます(戦略営業では、世間話も使い方によっては有効な武器となる)。この段取りがないと、重要な話がほとんど聞けないままダラダラと話が進み、ひどいときには少しだけ聞くことができた重要なポイントもほかのよもやま話に埋もれて曖昧になってしまうことがあります。

また、朝一番にやる仕事を決めておくだけでも効率的に仕事が開始できます。さらに、移動などの細切れの時間は次の商談資料に目を通す、アポの時間よりも早く到着したとき

自分に合った効率化の手法を探す

グリーソン法※1

まずは重要な仕事への集中を妨げる「小さな業務」を片付ける

VS.

「仕事ができる人のタイムマネジメント」法※2

優先順位の高い2割の仕事をこなすことによって、仕事全体の8割が達成できる

※1）「能率向上プログラム（PEP）」の考察書
※2）行本明説＋日本タイムマネジメント普及協会著『図解 仕事ができる人のタイムマネジメント』東洋経済新報社

の待ち時間には社内スタッフに依頼しておくべき用件についての電話をするなどの方法で使っていくと、その五〜一〇分という細切れの時間の積み重ねによって一日に一時間の余裕を生むことも可能になります。

効率化は日々の工夫の積み重ねによってどんどん改善していきます。元ボストン・コンサルティング・グループ日本法人社長（現・株式会社ドリームインキュベータ代表取締役社長）の堀紘一氏の「昨日と同じ仕事のやり方を今日するな、何を変えられるか考えなさい」という言葉もありますが、毎日「今日は昨日より何を改善できるか（改善すべきか）」を考えることこそが、戦略営業の第一歩といえるのです。

9-2 「速さ」と「早さ」

営業スタッフの評価を直接的に上げ下げするのは**仕事のはやさ**だといいます。仕事を依頼したにもかかわらず何日もなしのつぶてでは、「やる気があるのか?」と思われても仕方がありません。逆に、時間のかかりそうな難しい宿題を予想していたよりも早いタイミングで仕上げてくると、顧客はぐっとくるでしょう。また、早い回答ができなくても、宿題を持ち帰った当日か翌朝に「○○の問題に対応するために、本日××の体制を整えました」と報告し、「解決策には到達していませんが、本日はこのような状況です」と途中経過の報告を入れると、顧客の営業スタッフに対する信頼は厚いものになっていくはずです。

営業に必要な「はやさ」には二種類あります。そもそもの作業スピードの「速さ」と、スケジュール的に前倒しで作業をする「早さ」です。まず作業のスピードを上げるコツは、毎回作業終了の目標時間を自分で決めておくことです。「○○時までに××までの業務を終える」とするのも有効です。逆に、長時間働くことによって一所懸命働いていることを

2つの「はやさ」
速さ
作業のスピード
早さ
スケジュールを前倒しで進め、期日を守る

アピールし、それで成果が上がっていないことをごまかそうとするのは、戦略営業を目指す姿勢としてはふさわしくありません。

スケジュールを前倒しで進めることにより、最終的に顧客と約束した期日を守ることができます。「期日を守る」という基本事項を実践できずに信頼をなくす営業スタッフは多いのです。営業スタッフの日常は多くが非日常的で突発的な依頼や処理に追われがちですが、マーケティングの基本は「いかに顧客の期待を（わずかでも）上回らせるか」ということです。常に前倒しで準備して、期日の前日には完成した資料の最後のブラッシュアップをし、確実に相手の期待値を超える成果報告をするという心構えが重要といえます。

9-3 論理的思考力

　戦略営業を実践するにあたっては論理的思考力が必須となります。では、論理的思考とは具体的にどのような思考方法のことでしょうか？　本書はロジカルシンキングの教本ではないため、戦略営業を実践するのに最低限必要な定義を述べるにとどめておきます。論理的志向のポイントは次の四つです。

①目的・主張・結論が明確である
②主張・結論に根拠が伴っている
③首尾一貫した思考である（飛躍がない）
④事実と仮定が明確に区別されている

　声高に明快な主張をしているのだが、どこかでストーリーが飛躍している、または理由づけが強引に感じる……そうした議論は論理的思考をしていない議論なのです。

　論理的思考は一見難しそうに見えますが、ある程度までは独学でも身につけることがで

論理的思考の定義

❶ 目的・主張・結論が明確

❷ 主張・結論に根拠が伴う

❸ 思考が首尾一貫している

❹ 事実と仮定が明確に区別されている

きます。身につけるコツは、「なぜ？」と問いかけ続けることです。

　ここで気をつけていただきたいのは、自問自答するときならば愚直に「なぜ？」「なぜ？」と繰り返してもよいのですが、顧客との商談のときに論理的思考を前面に出してたたみかけたり、相手を論破したりするようなことは本質的な戦略営業の目的ではないという点です。重要なことは、いかに状況をヒアリングし事実を分析したうえで、顧客に対して意見（アドバイス）を〝差し上げる〟かです。つまり、最終的には常に顧客側が意思決定をするため、その意思決定に必要な情報を提供することこそが戦略営業の役割であるといえるのです。

COLUMN

自己インセンティブマネジメント⑤
～あるがままの自分の活かし方を考える～

COLUMN

自分の個性を「強み」にすることができれば、無理をしなくてもいいため、自然と気合も入ります。そして、ほとんどどんな個性でも強みにすることはできるはずです。さらにいえば、一見弱みに見えるような特性でも、実はまったくハンディキャップなどではなかったり、逆に強みであったりするかもしれないのです。

まず、「頭の良し悪し」と「営業成績」とは関係ありません。立教大学の調査によると、学業成績優秀グループと劣績グループでは、自動車ディーラーの営業成績でも証券会社の営業成績でもほとんど差がなかったということです。

また、営業という職業に就く者にとって内向的な性格は「弱み」だと考える人も多いかもしれませんが、実際にはそうではないようです。早稲田大学で自動車のトップセールスマン九一人を調査したところ、内向的性格を持つ人の割合のほうが高かったのです。内訳としては比較的、弱内向の人が多かったのですが、強内向に区分けされるトップセールスマンも少なからずいました。

内向的な性格の場合、「しゃべるのが苦手」という人が多いかもしれません。しかし、それ

セールス成績上位者には内向的性格者が多い

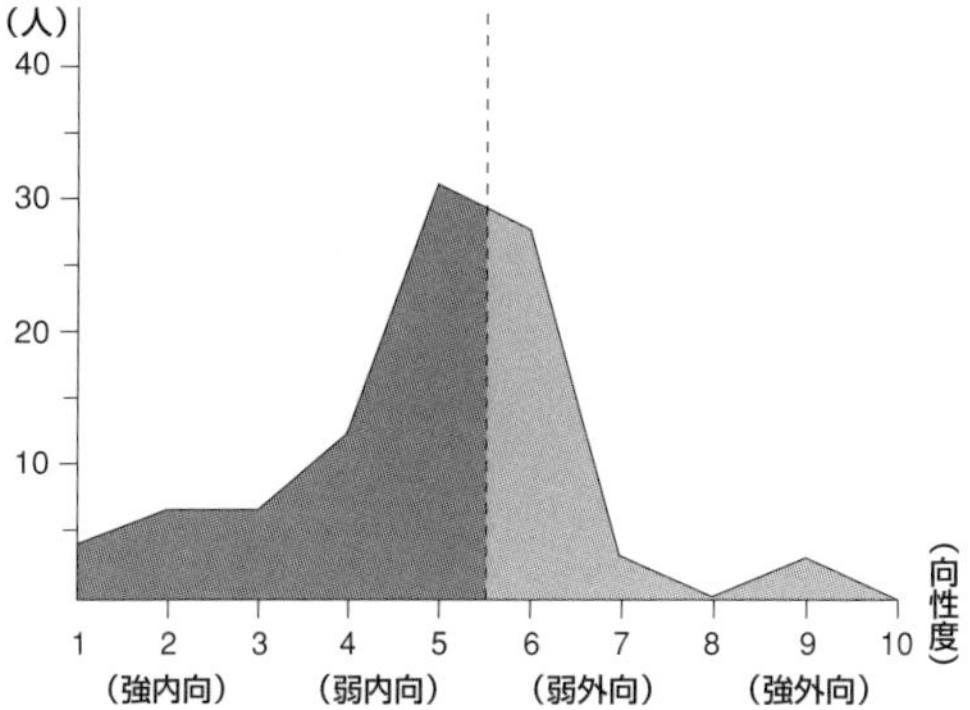

調査対象：N自動車販売店の成績上位者91名(早稲田大学調べ)

を別の視点で見れば、「聞き上手」といえるかもしれません。つまり、「〝顧客の課題・ニーズを的確にヒアリングする〟という戦略営業に最も必要な資質の一つを生まれながらにして持っている可能性が高い」ということなのです。もっといえば、内向的性格は周囲に流されずに冷静・客観的に物事を見ることができるという強みであるかもしれません。

このように一見、営業に向かないと考えられがちな内向性でも、営業上の強みとして十分活かしていくことができます。また、ほかのさまざまな弱みや性格も考え方次第・出し方次第では大きな武器になる可能性を秘めているのです。

結果に対しての異論は少なくなるでしょう。

つまり、客観的な結果を示すことによって、共通の問題意識をつくることができるのです。問題意識を共有化できれば、みんなで知恵を絞って解決策を考えてもよいでしょう。そうすれば、自ずと周りからのコミットメントも得られるはずです。

この一連の分析のプロセスは、必ずしも1回で実行フェーズまで完結するわけではありません。

たとえば、ある程度漠然とした目的（顧客によって利益率に大きな違いはあるかなど）で始めたような場合は、1回目の結果を踏まえて次にそこから派生するより絞った目的（顧客による利益率の違いはどのような要因で発生するかなど）で分析プロセスを繰り返す必要があるでしょう。このようなケースでは、問題点が明らかになって改善の策を実行するまでに、計数分析の一連のプロセスが何度も繰り返されることになります。

前述したこととは反しますが、ときには明確な目的を設定せずに、この分析の段階から始めることもあります。これは既存の問題意識の枠組みをとりあえず捨てて、手元にあるデータから何らかの関係性を発見できないかということを分析する方法で、「データマイニング」と呼ばれています。フレームワークを用いてもどこから手をつけてよいのかがわからないような場合は、とりあえず手元にあるデータからスタートしてみるという方法も考えられるでしょう。

5. 分析④（課題の分析を行い、原因を解明する）

分析の実施により営業部門にとっての課題が数字として表されましたが、これで終わりではありません。重要なのは、この数字をどう解釈するかなのです。

たとえば、ある製品の利益率が悪化しているとの発見があり、それが事実だったとすると、その原因については別途検討することが必要です。その際には、利益率が落ちた理由・原因についてのさらに詳細なデータが必要かもしれませんし、原因を明らかにするために、関係者に対するヒアリングが必要になるかもしれません。

いずれにせよ、分析の結果が現実を正しく反映していたとしても、その解釈を間違えると営業戦略も間違った方向へ向かってしまうことになります。したがって、分析結果については定量・定性の両面から詳細に検討することが必要なのです。

6. 分析⑤（解決策を検討し、実行に移す）

原因がクリアになれば、あとは、解決策を考えて実行に移すというプロセスが待っています。

実行フェーズは難しいのが常であり、関係者から反発を受けることもあるでしょう。しかし、客観的な分析結果を示すことができれば周りの納得を得やすくなります。客観的な事実を前にすれば、反対派はその理由を客観的に示さなければならないからです。また、仮に解決策に関して異論があったとしても、客観的な分析人の納得が得られないような複雑な計算プロセスを実行したところで、賛同を得られないような分析になってしまうことがあるからです。

営業に関連する分析をする場合に重要になるのは「センス」です。優れた営業スタッフであれば、新聞・雑誌の記事、日常の業務、顧客との対話などからさまざまな情報を吸収し、自社の営業面の問題点にある程度あたりをつけているはずです。さらにどのようなデータを用意して、どのように分析をすればそれが証明できるかについても、およその見当がつけられるはずです。

つまり、センスを磨くためには分析の引き出しをたくさん持っておくことが重要なのです。そうすれば課題や仮説、それらに関連する数字を見ただけで、ある程度直感が働きます。そのトレーニングのためにも、日頃から新聞や雑誌を読む際に、どのような数字を用いてどのような分析がなされているかに注意するとよいでしょう。

ところで、分析の引き出しの具体例としては、比較する、対象をグルーピングする、対象を細分化する、時系列で数値を見る、クロス分析をする、グラフ化する、ランクづけをする、累計のパーセントにする、割合を計算する、比率を計算する、統計的解析(回帰分析など)を試みる、などが挙げられます。

図C 分析の引き出しの例

比較する	最も頻繁に使われる方法。ライバル企業の数字と比較したり、自社内の製品同士を比較したり、また計画と実績を比較したりと、分析の基本となるもの
対象をグルーピングする	分析対象を一定の法則でグルーピングして、各グループごとに数字の違いがあるかどうかを検討する(例:顧客を年齢でグループ化し、年齢層によって来店頻度が異なるかどうかを分析する)
対象を細分化する	分析対象を一定の法則でその構成要素に細分化する(例:売上を単価と個数に分解して、それぞれへの影響を分析する)
時系列で数値を見る	ある時点の数字を一定の間隔で過去に遡って分析する。時系列に分析することによって、トレンドや季節要因などがわかる
クロス分析をする	縦横に分析要素をとって、クロスの分析をする(例:縦に各製品、横に地域をとって、製品ごとにどの地域でどれくらい売れているのかを分析する)
ランクづけをする・累計の割合を計算する	ある基準に従って分析要素に順位をつけ、上位から累計の割合を計算する(例:顧客の売上上位何%で、全体の売上の何%を占めるかを分析する)

発生します。

図B 仮説を立て、データを収集するプロセス

❶仮説を立てる
❷仮説に基づく結論を持つ
❸そのうえで仮説を実証するために必要な情報だけを集める

しかし、仮説をあらかじめ立てておくことによって、仮説と分析結果とが必ずしも一致しなかった場合に（実際には一致するほうが珍しい）、仮説がなぜ結果と一致しないのかについて詳細に検証することができます。そして、仮に分析に間違いがあるような場合には、それを発見することができるのです。

仮説を立てる際には、その仮説を立てた理由をあらかじめ明確にしておくことも重要です。仮説の筋道を明確にしておくことによって、仮説のどの部分に間違いがあったのかについての検証が容易になるからです。仮説・分析・検証という一連のプロセスを繰り返すことによって計数能力のセンスが磨かれるため、仮説はしっかりと立てておくべきです。

仮説を立てたら、次にその仮説を検証するためにはどのような情報が必要になるかについて考えます。この際、手元にあるデータはもちろん、手元にないデータで仮説を検証するために必要であると思われるものもピックアップしておく必要があります。なぜなら、社内の他部署にそのデータが存在するかもしれませんし、どうしても必要ならば新たにそれらのデータを収集することができるかもしれないからです。分析プロセスに慣れてくれば、仮説の検証のためにどのようなデータが必要になるかは、ある程度わかってくるはずです。

4．分析③（分析を実施し、課題を発見する）

「分析」と聞くと、つい難しいことをイメージしがちですが、決して難しく考える必要はありません。逆に営業戦略のための分析には、あまり複雑な計算は必要ありません。複雑な計算をすればするほど事実が大きく歪められたりすることがあるうえ、周りの

経営環境の分析にフレームワークを用いる理由は、分析対象に重大な取りこぼしがないようにするためです。思いつくままに分析を進めると、ときとして重要な要素が分析対象から抜けてしまうことがあるのです。

分析目的の明確化については、日頃問題意識を持って仕事をしていれば、フレームワークの各要素を検討することによって、営業の課題はある程度見当がつくでしょう。

目的の範囲が広すぎる場合には、フレームワークの要素をさらに深く絞り込む必要があります。たとえば「売上を上げるための分析」という目的は対象が非常に広く、時間をかけて包括的に分析しなければなりません。このような場合は売上をその構成要素（購入単価、製品、顧客など）に絞り込んで分析の目的を設定すべきです。

ときには営業としての常識を意図的に疑ってみるのもよいでしょう。たとえば、営業担当者は常に「自社製品がもっと安ければもっと売上を伸ばせるのに」と思ってはいないでしょうか？　このような常識に対してあえて反対の問題定義、つまり「より高く値段を設定して売上を伸ばす方法はないか」と考えてそれを分析の目的にしてみるのもよいでしょう。

3．分析②（仮説を立て、データを収集する）

分析の目的が決まれば、次に仮説を立てます。仮説がうまく思いつかない場合もあるでしょうが、あまり難しく考える必要はありません。たとえば顧客による利益率の違いを分析している場合なら、「10%以上の違いがある」または「10%以上の違いはない」という選択肢のうち、どちらか直感的に正しいと思うほうを仮説とすればよいのです。

では、なぜ仮説を立てることが重要なのでしょうか？

それは、仮説なく分析を進めた場合は、分析結果をそのまま事実として受け入れがちだからです。その場合、常に正しい分析ができるとは限りません。データが不十分であったり、分析のプロセスを誤ったりしているなど、正しい結果が得られないケースも

説を証明するために必要なデータを収集する

③収集したデータの分析を試み、仮説と照らし合わせながら営業的な課題を発見する

④発見された課題に対して定量・定性的な分析を行い、原因を解明する

⑤原因が解明できたら解決策（打開策）を検討し、実行に移す

2．分析①（フレームワークを用いて現状把握と問題の洗い出しを行い、分析の目的を明確にする）

ここからは計数分析の手順を詳しく見ていきます。

まずはフレームワークを用いて問題点を洗い出し、分析の目的を明確にすることから始めます。

フレームワークとは、ある課題に対して、その答えを導くために物事をモレやダブりなく論理的に考えるツールとして使われる枠組みです。質と量、長所と短所といった身の回りのものから、経営環境分析で活用される３Ｃや４Ｐ、ＳＷＯＴ、ＰＰＭ、製品ライフサイクルなどまで多種多様のものがあります。

どのフレームワークを用いるかは状況によって異なります。個人的な経験に基づいた考え方のモデル（フレームワーク）を持っているならば、それを用いてもよいでしょうし、問題の糸口が簡単につかめないのであれば、フレームワークを用いてどこに問題があるのかをじっくり考えるのが賢明でしょう。

図A 主要なフレームワーク

3C	経営環境を自社（Company）、顧客（Customer）、競合（Competitor）の3つに分けて、戦略的課題を明らかにする手法
4P	マーケティングを製品（Product）、価格（Price）、販売チャネル（Place）、プロモーション（Promotion）の4つの基本要素に分けて分析する手法
SWOT	自社の強み（Strength）、弱み（Weakness）、自社の置かれた経営環境における機会（Opportunity）、脅威（Threat）の4つに分析対象を分け、自社の戦略を明らかにする手法
PPM	プロダクト・ポートフォリオ・マネジメントの略。横軸に「相対的マーケットシェア」の高低をとり、横軸に「市場の成長率」をとって、会社が抱える複数事業への資源の有効配分を分析する手法
製品ライフサイクル	市場に導入された新製品が一般的にたどる売上高のS字的推移を導入期、成長期、成熟期、衰退期の4つの期間に分けて分析する手法

解説

1．営業に求められるMBA的能力とは

最近「営業のための決算書の読み方」という類の本が多く出回っています。なぜでしょうか？

それは、営業という仕事に必要な計数能力の1つが自社・顧客・顧客のライバル会社の財務3表（損益計算書、貸借対照表、キャッシュフロー計算書）を正確に読むことだからです。財務3表は、営業に限らずビジネスの基本能力といえます。

また、市場・自社・顧客の基本的な数値を頭に入れることも必要です。市場の数字とは自社が抱えている直接の顧客についてだけでなく、顧客が抱える市場についてもすべて含めておさえる必要があるでしょう。

このように、営業に求められるMBA的能力は「**客観的な数字で事実を把握し、分析を試み、数字の裏に隠された現象を明らかにすることによって、営業目的達成のために取り組むべき課題を明らかにする**」ことなのです。

営業という分野はいわゆる営業的な勘で行動している場合が多々あります。もちろん勘は大切ですが、経営環境がかつてないほど急速に変化している現在において、勘のみを頼りにしていたのでは判断を誤りかねません。これからの営業には、刻々と変化する環境に応じて事実を客観的な数字で把握して分析し、戦略的に営業を組み立てていく能力が問われるのです。

具体的には次のような手順を参考に計数分析を進めるとよいでしょう。

①各種フレームワークを用いて会社を取り巻く環境（現状）を把握して問題点を洗い出し、何を明らかにしたいのかという目的を明確にする

②これから分析しようとすることに対しての仮説を立て、その仮

しかし、あなたの「総合店舗と家電専門店への営業を強化すべきである」という意見に対して、ある担当者から次のような反論が出ました。

「主要な総合店舗はすでにA社のショッピングモールに参加しており、これ以上大きな開拓余地はない。一方、家電専門店への営業はこれまで十分には行ってきておらず、こちらのマーケットのほうが開拓余地は大きい」

その担当者は、「A社がまだアプローチしてない家電専門店のリストを今週中に完成させて全員に配布し、早速、家電専門店への営業を強化する」とつけ加えました。

また別の参加者からは、「他のカテゴリー（旅行、ファッションなど）でも同様の分析が可能ではないだろうか」との意見が出、さらに議論は白熱しました。その結果、「他のカテゴリーでも同様の分析を行うことによって、A社のコミッション売上を伸ばす方策を練ることができる」との意見で一致し、早速分析の担当が割り振られました。

プレゼンテーション後、営業部隊は家電専門店を中心に営業し、多数の店舗がA社のショッピングモールに参加しました。また他のカテゴリーにおいても同様の分析を通じて、従来のような闇雲な営業を改め、ターゲットを定めて営業しました。その結果、A社の第4期のコミッション売上は第3期の金額を大きく更新することができました。

ＡＶ家電についてさらに詳しくデータを分析すると、とくにＤＶＤプレーヤーやハードディスクレコーダーなどの商品が売れていることが判明しました。

5. 課題の分析を行い、原因を解明する

これまでの分析で明らかになったことを、あなたは以下のようにまとめてみました。

①Ａ社の売上においては、店舗からのコミッション収入が大きく成長している一方で、固定出店料に関しては金額では最大であるものの成長率は鈍化してきている。
②コンピュータ・家電を取り扱う店舗からのコミッションが、コミッション全体において大きな割合を占める。しかし、昨年（第３期）は成長に陰りが見え始めている。
③コンピュータ・家電を取り扱う店舗の中においてもコミッション収入の成長率にはばらつきがあり、一様に成長が鈍化しているわけではない。
④コンピュータ・家電を取り扱う店舗をさらにその主な取り扱い商品に応じて区分してみると、総合店舗と家電専門店が大きく売上を伸ばしているのに対し、数で大多数を占めるコンピュータ専門店の売上の成長率が低下してきている。
⑤商品ごとに見ると、ＡＶ家電と白物家電の成長率が著しい。

以上の発見から、あなたは次のように結論づけました。

「現在のようなコンピュータ専門店中心の店舗構成におけるコミッション収入の成長には限界があり、今後は総合店舗と家電専門店への営業を強化すべきである」

6. 解決策を検討し、実行に移す

あなたは、これらの分析データをそろえて、営業会議に臨みました。そこで営業グループのメンバー20人を前に分析結果のプレゼンテーションを行ったところ、会議の参加者は全員、その明快な主張にうなずきました。

①総合店舗：コンピュータ・家電の両方を扱う大型店舗

②コンピュータ専門店：コンピュータ関連商品を主に扱う店舗

③家電専門店：家電を主に扱う店舗

図表5 店舗の成長率と店舗属性の関係

（店舗数）

成長率	総合店舗	コンピュータ専門店	家電専門店	合　計
A（高）	6	8	21	35
B（中）	10	88	27	125
C（低）	4	26	10	40
合　計	20	122	58	200

（%）

成長率	総合店舗	コンピュータ専門店	家電専門店	合　計
A（高）	30	7	36	17.5
B（中）	50	72	47	62.5
C（低）	20	21	17	20
合　計	100	100	100	100

図表5から、成長率の高い店舗は総合店舗と家電専門店に多く、数で大多数を占めるコンピュータ専門店に関しては成長率が鈍化していることがわかりました。そこで、さらに詳しく商品ごとに売上の推移を検討してみました(図表6)。

図表6 商品別のコミッション金額の推移

分野	商　品	コミッション金額（百万円）			成長率（%）	
		第1期	第2期	第3期	第2期	第3期
家電	AV家電	4	24	74	473	209
	白物家電	2	6	19	186	216
	その他家電	1	8	16	1428	94
コンピュータ	パソコン本体	10	80	103	664	29
	周辺機器	6	40	69	537	72
	パーツ	3	12	21	282	72
	ソフトウエア	2	10	10	377	3

商品ごとに分析すると、予想どおり家電とコンピュータでは成長率に大きな違いがありました。

まず、依然としてコンピュータが金額面では大きな割合を占めるものの、成長率は明らかに鈍化してきています。一方、家電に関しては、初年度（第1期）は金額が小さかったものの、ここ3年で大きく成長し、昨年（第3期）はＡＶ家電を中心としてコンピュータ部門を大きく上回る成長を見せています。成長率の高いトを持って関係部署にあたってみました。そして営業担当者からは、過去3年間の店舗別の売上や店舗の基本情報を得ました。過去3年間におけるコンピュータ・家電商品の全売上情報についてはデータが膨大で、営業担当者も部分的にしか持っていなかったため、システム担当部署に掛け合ってデータベースから全データを出してもらいました。

データを一通り手元にそろえたあなたは、分析を実行する前に集まった膨大なデータを分析しやすいように整理してみることにしました。

4. 分析を実施し、課題を発見する

集めたデータを前にあなたはまず、コンピュータ・家電カテゴリーにおける200店舗のモール経由の売上成長率を表にしました(図表3)。すると営業担当者から聞いたとおり、すべての店舗におけるモール経由の売上高が同様に鈍化しているわけではなく、成長率にはかなりのばらつきがあることがわかりました。

図表3 各店舗の売上高成長率(抜粋)

店舗番号＼成長率(%)	第2期	第3期
1	500	78
2	300	200
3	100	-10
50	50	400
51	260	70
52	150	450
150	10	60
151	400	25
152	120	320

次に、このデータをもとに顧客をグループ化してみました(図表4)。A社のショッピングモールにおけるコンピュータ・家電カテゴリー全体の昨年の成長率である73%をベンチマークとし、それより30%以上高い成長率を示している顧客群A、ベンチマークより±30%の顧客群B、ベンチマークを30%以上下回る顧客群Cの3つのカテゴリーに顧客を分類したのです。

図表4 成長率別の店舗数

成長率	店舗数
顧客群A(高)	35
顧客群B(中)	125
顧客群C(低)	40
合　計	200

さらに営業からもらった基礎データをもとに、顧客を取扱商品に応じて次の3つのカテゴリーに分類し、図表4とのクロス集計データを作成しました(図表5)。

て、A社のモールにおける当カテゴリーの売上成長率は市場平均を下回っているようです。そこで、あなたは今回の分析の目的を「コンピュータ・家電カテゴリーの顧客のデータを分析し、売上を拡大させる方法を考える」と設定しました。

3. 仮説を立て、データを収集する

目的をコンピュータ・家電を扱う店舗の売上分析に絞ったあなたは、次に今回の分析における仮説を立てることに取りかかりました。なぜA社のモールにおいて市場平均以下の成長率となっているのかについて、コンピュータ・家電の店舗営業担当者数人とディスカッションをしたのです。

担当者の話を総合すると、一律にコンピュータ・家電カテゴリーの売上が鈍化しているわけではなく、売上の成長率が鈍化している店舗がある一方で、大幅に売上を伸ばしている店舗もあるようです。彼らの話をさらに分析すると、その差異は店舗独自の努力によるものに加え、店舗の品ぞろえの違いに起因している部分もあるようです。つまり、特定の商品群に強い店舗は売上を大きく伸ばしている一方で、その他の店舗は売上の成長が鈍化しているのです。これについては、モールを訪問する顧客の属性が影響しているように思えます。

店舗営業担当者へのヒアリングを終えたあなたは、今回の分析における仮説を次のように立てました。

「コンピュータ・家電を扱うショップの中では、商品の品ぞろえによって、売上成長率に大きな差異がある」

仮説を立てたあなたは、次に仮説の検証をするためにとりあえず次のようなデータが必要であると考えました。

①コンピュータ・家電カテゴリーにおける、店舗ごとの過去3年間の売上高
②各店舗の基本情報（取扱品目、基本的な特徴など）
③過去3年間に、モール経由で販売されたコンピュータ・家電商品の全データ

手元に必要なデータがそろっていないため、あなたはこのリス

現在、A社はインターネットショッピングモールの分野では最大手の地位にあります。競合（Competitor）は数社ありますが、現在のところいずれもA社の地位を脅かすほどではありません。しかし、競合他社はA社を追い抜こうとサービスでの差別化を図ろうとしています。早急な対策は必要ないかもしれませんが、常に競合他社の動向をウォッチするべきだと、あなたは認識しました。

ところで、A社に入社してからの1カ月間、あなたが一番疑問に思っていたのが顧客（Customer）についての分析でした。A社は急成長してきたため、これまで十分な顧客別の分析ができていなかったのです。

そこで、あなたは手元にあるデータを使って、顧客をその取扱商品群別に分類し、過去3年間のコミッション金額の推移を調査しました。その結果は次のようになりました。

図表2 コミッション全体に占める各カテゴリの割合

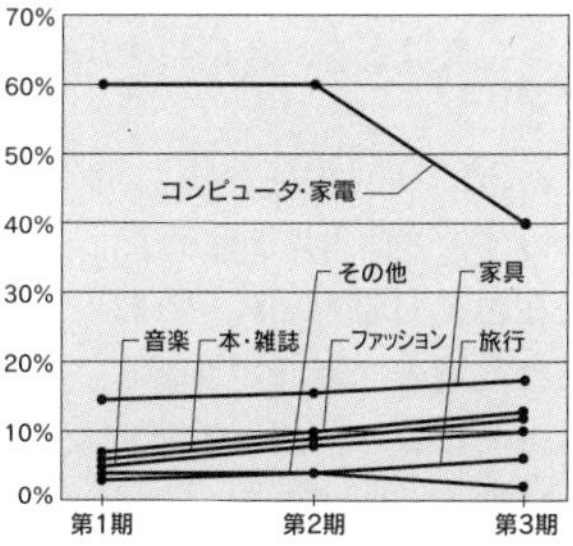

図表2で示されるように、コンピュータ・家電を扱う店舗からのコミッションは依然として最大ですが、昨年（第3期）は全体に占める割合が大きく落ちています。成長率でも一昨年（第2期）は500%以上の成長を見せたものの、昨年は全体の成長率が160%であったのに対し、コンピュータ・家電分野は73%の成長と、依然成長率は高いものの急ブレーキがかかった様子です。

全体的に見ると、コミッションに大きな成長が期待できる中にあって、その最大構成要素であるコンピュータ・家電を扱う店舗からのコミッションの行方が今年の業績に急ブレーキをかけてしまうかもしれないと、あなたは危惧しました。

市場全体の話を聞くと、インターネット経由のコンピュータ・家電の売上は依然として高い成長率を示しているようです。そしなお、ショッピングモールに商品の購入目的で訪れる顧客は無料でモールを利用することができます。

食品業界での経験しかないあなたにとって、インターネットビジネスは勝手が違うため、見聞きすることすべてが新しく、転職後１カ月間は業界について学ぶために費やしました。しかし就任後１カ月が過ぎ、上司からもそろそろ営業戦略の見直しに取りかかるようにと指示されました。

Ａ社はこれまで業界の波に乗って急成長を経験してきており、明確な戦略がないまま営業が行われてきました。インターネットビジネス業界での経験はなくても、前職の食品メーカーで培ったあなたの計数能力は業界にかかわらず応用できそうです。そこで早速、営業戦略の見直しのための計数分析に着手しました。

2．フレームワークを用いて現状把握と問題の洗い出しを行い、分析の目的を明確にする

あなたはまず、３Ｃのフレームワークを用いて考えを整理してみることにしました。

初めに、自社(Company)についての課題を考えました。現在の売上要素それぞれにおける過去３年間の推移を調べたところ、図表１のようになっていました。過去も現在も最大の売上構成比を占めるのは出店料ですが、やや成長率が鈍化してきています。ちなみに、現在1000ある店舗数を今後大幅に増やすことは難しそうです。一方で、コミッションは昨年（第３期）大きく成長し、出店料に迫る規模になってきています。また、広告に関しては堅調に伸びてはいますが、全体に占める割合は依然として低いようです。

図表1 売上高の推移

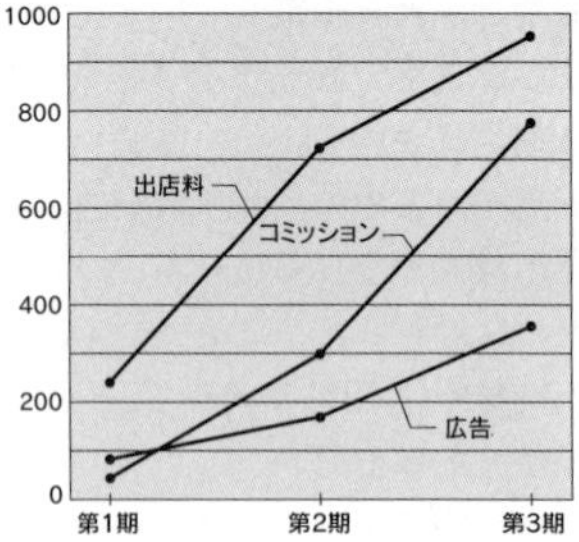

モデルケース
インターネット上でショッピングモール事業を行うA社の例

1. A社の営業戦略見直しのための計数分析に着手

食品メーカーで7年間営業を担当してきたあなたは、その営業経験を買われてインターネット上でショッピングモール事業を展開する設立4年目のベンチャー企業A社の営業マネジャーとしてヘッドハンティングされました。

A社はインターネットビジネスの盛り上がりの波に乗って短期間で大きく成長してきました。現在では売上高20億円、社員数も約50名まで膨れ上がり、インターネットベンチャーの中では株式公開への最有力候補といわれています。しかし、ここへきて成長に若干の陰りが見え始めており、営業戦略の見直しが必要となっています。

A社の運営するショッピングモール事業は、自らが商品の販売者となるわけではなく、インターネットを通じて商品を販売している事業者にインターネット上の場所を貸すというビジネスです。現在、コンピュータからファッション用品までさまざまなジャンルの商品を販売する1000店舗がA社のショッピングモールに参加しており、その品ぞろえの豊富さが受けて月間数百万人の顧客が訪れています。

A社のショッピングモール事業の収入源は、主に次の3つから成り立っています。

①毎月の出店料……モールに参加するすべての店舗は一律10万円の出店料を毎月A社に支払う
②売上に応じたコミッション…毎月の固定費（出店料）とは別に、モールに出品した商品が売れた場合、一律に決済金額の5％がA社のコミッション（手数料）として支払われる
③広告収入……モールの集客力を売りに、A社はさまざまな種類の広告枠を販売している

≪付録≫

MBA的営業能力とは

営業に求められるMBA的能力と
計数分析の具体的手順

★「モデルストーリー」と「解説」を項目ごとに対比させながら読み進めていくことによって、営業に求められるＭＢＡ的能力の重要性と計数分析の具体的手順がより理解しやすいように構成されています。

■参考文献一覧

『戦略的営業実践テキスト［応用編］』岡部泉＋雑賀憲彦編著（日本コンサルタントグループ）
『勝者の法則』ハーバート・グリーンバーグ著／泉田雅典監修／吉田達生訳（ゾディアック叢書）
『「世界標準」経営』堀紘一＋ボストン・コンサルティング・グループ著（ＰＨＰ研究所）
『営業マネジャーの戦術力強化書』山口　裕著（全日出版）
『図解　実践ソリューション営業』山本　元著（東洋経済新報社）
ＤＩＡＭＯＮＤハーバード・ビジネス・レビュー　2002年９月号
「“ハーバード流”交渉学講座」ロジャー・フィッシャー著
「［意思決定スタイル別］ビジネス説得術」
ゲイリーＡ．ウィリアムズ＋ロバートＢ．ミラー著
「説得力の心理学」榊　博文著（ダイヤモンド社）

■監修

池上重輔（いけがみ　じゅうすけ）

ボストンコンサルティンググループにて消費財から産業材、国内上場企業から外資系企業まで幅広い分野において戦略立案・実行支援を行う。マスターフーズ（M&M　MARS社）にてカルカンなどのブランドマネジャー、GE（ゼネラル・エレクトリック）ヨーロッパの英国オフィスにてプロダクトマネジャーを経てソフトバンクECホールディングスで新規事業統括部門のディレクターとして数社の役員を歴任。現在はニッセイ・キャピタル株式会社にてチーフベンチャーキャピタリストとしてベンチャー企業への投資・育成に努める。英国国立ケント大学大学院にて国際政治学修士号、英国国立シェフィールド大学大学院にて国際政治関係論修士号、英国国立ケンブリッジ大学経営大学院にてＭＢＡ取得。グローバルワークプレイス幹事。e-mail：ikegami @ nissay-cap.co.jp

■著者

グローバルタスクフォース株式会社

世界18カ国の主要ビジネススクール57校が共同で運営するＭＢＡ同窓組織「Global Workplace」(本部：ロンドン)を母体とする常駐型経営支援ファーム。日本では、雇用の代替としての非雇用型人材支援サービス「エグゼクティブスワット」を世界に先駆けて展開し、多くの実績を持つ。ＷＥＢサイトの運営なども行う。著書は「通勤大学ＭＢＡ」および「通勤大学実践ＭＢＡ」シリーズ、『あらすじで読む世界のビジネス名著』『ポーター教授「競争の戦略」入門』『コトラー教授「マーケティング・マネジメント」入門（Ⅰ・Ⅱ）』『論理的思考法で営業力を鍛える』『ＭＢＡ　世界最強の戦略思考』（いずれも総合法令出版）、『図解 わかる！ＭＢＡマーケティング』（ＰＨＰ研究所）など多数。URL：http://www.global-taskforce.net

■執筆・構成協力

森上隆史（もりがみ　たかし）

ボストンコンサルティンググループ、ヤマハを経てソフトバンクECホールディングスへ。現在はソフトバンクと三菱商事の合併ユーフォリンクのシニアマネジャー。京都大学卒業。

柴田健一（しばた　けんいち）

日本生命保険相互会社国際投資部にて外国株式の投資業務に従事した後、ハーバードビジネススクールにてＭＢＡを取得。2001年１月株式会社ベンチャーリパブリック設立。現在、同社の取締役副社長と子会社２社それぞれの代表取締役、取締役を兼任。東京外国語大学スペイン語学科卒業。

源野　松太郎（げんの　まつたろう）

ソニー・ヒューマンキャピタルにて研修を担当。流通業にて６年間従事した後、早稲田大学院ビジネススクールにてＭＢＡを取得。販売士１級、販売士養成講師。

通勤大学文庫
通勤大学実践MBA　戦略営業
2003年7月8日　初版発行
2008年1月31日　6刷発行

監　修　池上重輔
著　者　グローバルタスクフォース株式会社
装　幀　倉田明典
イラスト　田代卓事務所
発行者　仁部　亨
発行所　総合法令出版株式会社
〒107-0052　東京都港区赤坂1-9-15
日本自転車会館2号館7階
電話　03-3584-9821
振替　00140-0-69059
印刷·製本　祥文社印刷株式会社
ISBN978-4-89346-800-0

総合法令出版ホームページ　http://www.horei.com